내 손으로 만드는

내 손으로 만드는

내 삶을 위한
정치

박선민 지음

곰곰

머리말

우리 손으로 만들어 가는
정치의 즐거움

몇 년 전 청소년들에게 국회가 하는 일과 보좌관이라는 직업에 대해 강의할 기회가 있었다. 당시 중학생이던 둘째 아이에게 어떻게 하면 친구들이 귀를 기울일지 물었는데 "어차피 다 잘 거야"라는 답을 받았다. 누가 정치 이야기를 재미있어 하겠냐는 냉정한 조언이었다. 내 생각도 다르지 않았지만 다른 사람의 입을 통해 들으니 어쩐지 의욕이 꺾였다. 이렇게까지 정직하게 말해 줄 필요는 없었는데 말이다.

그때부터였을까. 언젠가 '즐거운 정치교육'을 할 수 있으면 좋겠다는 바람을 마음 한구석에 품게 됐다. 사실 유럽의 청소년 정치교육 자료나 교재를 접할 때면 부러워서 눈물이 날 지경이었다. 어려서부터 민주주의가 왜 중요한지, 정당은 왜 필요하며 일하는 사람에게 노동조합은 어떤 의미인지 배우고, 다른 의견을 가진 사람과 토론하고 대화하는 방법, 협상을 통해 문제를 해결해 가는 방법, 노동자의 권리를 지키는 방법을 다양한 게임이나 활동, 참여 수업 등을 통해 체험하고 익힌 시민으로 구성된 사회의 민주적 기반은 그렇지 않은 나라와는 비교할 수 없을 만큼 튼튼할 것이다. 다른 나라 청소년들이 수준 높은 정치교육을 받으며 성장할 때 우리나라의 청소년들은 '교실을 돌아다니며 선거운동을 하면 불법' '정당 상징물을 착용하고 투표를 권하면 불법'이라는 설명을 듣고 있어야 한다니 안타깝고 속상했다. 청소년들이 정치가 무엇이고 왜 필요한지 이해하고, 입법부가 하는 일과 그 중요성에 대해 생각해 보길 바라는 마음에서 이 책을 썼다.

사람들은 쉽게 정치를 비난하고, 국회를 조롱한다. 뉴스에도 정치는 진흙탕 싸움처럼 비친다. 정치가 중요하다고 말하는 사람조차 정당과 정치인에 대한 비판을 서슴지 않으며 그것이 마치 정의롭고 공익적인 일인 양 착각한다. 그 결과는 어떨까? 사람들이 정치를 불신하게 되고, 정치를 통한 문제 해결은 어려워진다. 사회의 갈등은 심해지고, 소수자의 권리는 지켜지지 않고, 약자들의 삶은 빈궁해진다.

민주주의는 약한 이들에게 가장 유리한 정치제도다. 민주주의가 발전할수록 이들의 삶이 나아진다. 좋은 민주주의를 위해서는 정당이 튼튼해야 하고, 입법부가 제 역할을 해야 한다. 특히 정당은 정말 중요하다. 그런데 이상하게도 민주주의 교육을 할 때 정당은 빼놓는 경우가 많다. 정치적 중립을 지켜야 한다는 명분 아래 정치교육이라는 말도 기피하고, 정치적 활동도 배제하려 한다. 정치 없는 민주주의 교육, 정당 없는 정치교육은 학생 없는 학교와 같은 말이다. 가능하지도 않고, 성립할 수도 없다.

이 책에서는 정치, 정당, 민주주의를 강조한다. 정치에 대한 불신과 오해를 거두고, 우리 손으로 만들어가는 정치의 즐거움을 느껴 보자고 제안한다. 정치는 그렇게 먼 곳에 있지 않다고, 내 삶 그리고 우리들의 현재와 미래에 계속 영향을 미치는 것이니 기왕이면 친해지자고 말한다.

책을 쓰는 동안 내년에 고등학교에 가는 막내 아이가 독자라고 생각했다. "재미없어" "길어" "어려워" 이런 말이 귓가에 맴돌았다. 나도 안다. 이 책은, 책을 펼친 후 마지막 장을 덮을 때까지 손에서 놓지 못할 만큼 흥미로운 내용은 아니다. 주인공도 없고, 사건도 없고, 극적 전개도 없다. 잠시 현실을 잊을 만큼 환상적이지도 않고, 답답한 속이 뻥 뚫릴 만큼 시원하지도 않다. 정치라는 게 그렇다. 느리고 둔해서 변화가 잘 보이지 않는다. 게다가 용어는 어렵고, 제도는 복잡하다. 조금 잠이 올 수도 있다. 그럴 때는 억지로 참기보다 한숨 자고 일어나는 게 좋다. 하늘도 한 번 쳐다보고, 좋아하는 노래도 듣고, 그러다 다시 관심이 생기면 책을 들자. 차분히 한 장 한 장 읽다 보면 '아하, 이렇구나' 불이 환하게 켜지는 기분이 들 수도 있을 것이다. 그렇지 않아도 상관없다. 나중에 뉴스를 보다 '어, 들어 본 말이네' 싶으면 그걸로 충분하다.

그래도 작은 기대를 품어 본다면, 혼자보다 여럿이 같이 읽길 권한다. 책을 읽은 후 마음에 남는 것이 있다면 함께 토론하고, 문제 해결 방법을 찾아보자. 국회에서 하듯이 회의를 열고, 법을 만들고, 찬반 토론을 통해 안건을 심사하고 의결해 보는 것도 좋겠다. 또 정당을 만들어 보거나 여러 정당의 공약을 비교하고 실제로 정당을 방문하는 등 후속 활동을 이어 간다면 글쓴이로서 정말 보람차겠다. 여러분이 이 책을 읽고 정치를 덜 어렵게 받아들이고 정당에 관심을 갖게 된다면 더할 나위 없이 큰 영광이겠다.

국회의원 보좌관으로 일하던 첫해에 초등학교에 입학했던 첫째 아이가 곧 군대에 간다. 둘째는 작년에 치러진 국회의원 총선거 때 첫 투표를 했다. 언제까지나 어릴 줄 알았던 아이들은 어느덧 자라 선거권을 가진 시민이 되었다. 동료 시민이자 사랑하는 자녀 의연, 은서, 은교가 있어 힘들고 고달픈 인생을 견뎌 낼 수 있었다. 특히 상상 속 독자 역할을 해 준 막내에게 특별한 고마움을 전한다. 아, 잊을 뻔했다. 초코와 두리, 두 반려견 때문에 웃고 산다. 행복은 멀리 있지 않다. 당신 덕분이다.

박선민

차례

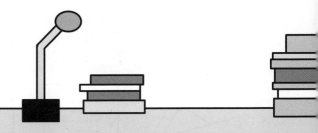

1장

민주주의는
어떻게 우리 삶에
자리 잡았을까?

1 ～～～ 민주주의의 기원, 아테네

 추첨을 통해 누구나 정치인이 되다

"가라앉는 배에 군인들을 버리고 오다니. 그들의 울부짖음이 들리지 않았나요?"

"정말 구하고 싶었다오. 하지만 적들을 쫓아가야 했소. 그래서 그들을 구하도록 최고의 선장을 남겨 놓았소."

"하지만 구출은 실패했고, 군인들은 바다에서 죽었죠."

"그건 맹렬한 폭풍우 때문이었소. 조타수를 증인으로 요청하오."

기원전 406년, 아테네 아크로폴리스 옆 높은 언덕에서 민회가 열리고 있다. 아르기누사이 해전에서 승리하고 돌아왔지만 침몰한 난파선의 병사들을 구조하지 않았다는 죄로 고발된 장군들에 대해 판결을 내리기 위해서다.[1]

만약 당신이 2,500년 전 그리스 아테네에서 태어났고 스무 살이 넘은 남성이라면 이 민회에 참석했을 것이다. 장군들은 무죄인가, 유죄인가? 폭풍우는 장군들도 어쩔 수 없는 것 아닌가? 주위를 둘러보니 장군들이 무죄라고 생각하는 시민들이 속속 일어선다. 얼핏 봐도 많은 숫자다. 이대로라면 무죄판결은 자명하다. 하지만 해 질 무렵이라 어두워져 정확히 몇 명인지 셀 수 없다. 결국 판결은 다음 민회에서 내리기로 한다. '그사이 별일이야 생기겠어?' 장군과 시민 들은 편안한 마음으로 집으로 돌아간다.

얼마 뒤 다시 열린 민회, 깜짝 놀랄 일이 생긴다. '밀가루 통'에 매달려 살아남았다는 생존자가 나타난 것이다. 그는 쩌렁쩌렁한 목소리로 외친다. "물속으로 가라앉은 사람들이 부탁했습니다. 만일 구조되면 여러분에게 사실을 알려 달라고요. 장군들은 조국을 위해 가장 용감하게 싸운 자들을 구출하지 않았습니다!"[2] 이 말이 사실인지 확인할 새도 없이 민회는 분노로 들끓었고 결국 장군들은 사형에 처해진다. 전쟁에서 이기고 살아 돌아왔지만 이들을 기다린 것은 죽음이었다. 민회의 결정은 절대적이었다.

흔히 아테네 정치를 민주주의의 시작이라 한다. 모든 시민이 참여하는 민회에서 사회의 중요한 사안들을 결정했기 때문이다. 시민이라면 누구나 자유롭게 민회에서 발언할 수 있었다. 아테네의 유명한 장군이자 정치가인 페리클레스는 아테네의 정치를 이렇게 표현했다. "우리의 정체[정치체제]는 민주주의라고 불립니다. 왜냐하면 권력이 소수의 손에 있는 것이 아니라 전체 인민의 손에 있기 때문입니다."[3] 민주주의의 핵심은 '전체 인민'이다. 소수의 통치자가 아니라 모든 시민이 주인공이다.

아테네 사람들은 정치 참여를 시민의 당연한 의무로 여겼다. 따라서 정치에 관심이 없는 사람은 '전혀 하는 일이 없는 사람'이라고 손가락질을 받았다. 시민과 통치자가 분리되지 않았고, 시민의 개인적 삶과 공적 역할이 연결되어 있었다. 페리클레스는 아테네를 '헬라스의 학교', 즉 그리스의 민주주의 교육장이라고 했다.[4] 민주주의를 배우려면 아테네를 보라는 것이다. 만일 페리클레스가 현대의 시민들을 본다면 '정치에 이렇게 관심이 없다니, 여기는 온통 하는 일이 없는 사람들뿐이로군'이라고 생각하며 혀를 쯧쯧 찰지도 모른다. 우리를 당장 '헬라스의 학교'로 보내고 싶을 것이다.

아테네 민주주의의 또 다른 특징은 추첨으로 나랏일을 할 사람을 뽑았다는 점이다. 의원(평의회 의원)이 되고 싶은가? 판사(시민 법정 배심원)가 되고 싶은가? 그렇다면 '클레로테리온'이라는 추첨 기계에 당신의 이름표를 넣기만 하면 된다. 원하는 사람이 지원하면, 그들 가운데 추첨을 통해 공직자를 선출하기 때문이다.[5] 시민 모두가 두루 책임을 나눠 갖기 위한 아테네만의 비책이었다.

그렇지만 민회가 그러했듯 이 추첨 기계에도 모든 사람이 이름표를 넣을 수 있는 것은 아니었다. 여성에게는 권한이 없었다. 노예도, 외국인도 마찬가지였다. 남성 중에서도 1년에 40회 열리는 민회에 참석할 수 있고, 500명으로 구성된 평의회, 50인 위원회회의, 시민 법정 배심원으로 언제든 참여할 수 있을 만큼 시간과 재산에 여유가 있는 사람이라야 했다. '모든 시민'이 참여하는 민주주의라고 했지만, 실상은 조건을 갖춘 특별한 사람에게만 허락된 기회였던 것이다. 따지고 보면 이렇게 '남성 시민'들이 정치에 참여할 시간을 보장받을 수 있었던 건 여성, 노예, 이주민의 노동덕분이었다. 아테네 민주주의를 가능하게 했던 힘은 '보이지 않는 노동'이었던 셈이다.

 다수 시민의 결정은 늘 옳은가?

아테네 민주주의에 대한 자부심이 강했던 페리클레스가 사망한 이듬해, 철학자 플라톤이 태어났다.[6] 지금으로부터 약 2,500년 전의 일이다. 아테네와 스파르타 사이에 펠로폰네소스 전쟁이 일어난 지 3년이 지나는 시점이기도 했다. 이 전쟁은 30여 년 만인 기원전 404년에 아테네의 패배로 끝나고, 승전의 노래를 부른 스파르타는 30인의 참주(僭主)를 통해 아테네를 지배한다. 참주란 혈통이나 신분을 뛰어넘어 권력을 차지한 지배자를 뜻한다. 민주주의에 부정적이던 아테네 귀족으로 구성된 이 참주들은 반대 세력을 숙청하고 온건파를 살해하는 등 공포정치를 펼친다. 이로 인해 처형된 사람이 1,500명이나 되고, 추방당한 사람은 더 많았다고 한다.[7]

분루를 삼키던 아테네는 3년 뒤인 기원전 401년, 참주를 몰아내고 민주주의를 되살린다. 어렵게 되찾은 민주주의인 만큼 평화로운 세상이 열리리라 기대했지만, 모두에게 꽃길이 펼쳐진 것은 아니었다. 스파르타의 참주 지배에 맞서 민주주의를 되찾고자 싸운 바로 그 사람들이 플라톤의 스승인 철학자 소크라테스를 고발한다. "젊은이들을 타락시키고 아테네의 신들을 믿지 않는다"라는 죄목이었다.[8]

시간을 거슬러 올라가 보자. 아르기누사이 해전 이후 장군들을 사형에 처한 기원전 406년의 민회에서 소크라테스는 반대 의견을 말한다. 장군들이 무죄라고 생각해서일까? 그는 죄의 유무를 따지기 이전에, 이러한 투표 자체가 불법이라고 봤다.[9] 소크라테스는 다수의 결정이라 해서 무조건 수긍하지 않았다. 그는 국가에 해가 되더라도 아닌 것에 대해서는 '아니요'라고 말하는 것이 정의라고 생각하는 사람이었다.

소크라테스는 추첨으로 행정관을 임명하는 것에 대해서도 부정적이었다. 선원, 건축가, 플루트 연주자는 추첨으로 뽑을 수 없다. 전문적 기술이나 특별한 재능이 필요하기 때문이다. 소크라테스는 정치를 담당하는 사람도 마찬가지라고 보았다.[10]

기원전 399년, 그가 법정에 섰다. 민주주의를 되찾은 아테네 시민들은 어떤 결정을 내리게 될까? 체제에 위협을 가하는 인물을 그대로 둘 것인가? 아니면, 자신이 옳다고 생각하는 것을 말했다는 이유로 죄인이 되어야 하는가? 만약 당신이 배심원이라면 어떻게 할 것인가? "죽느냐 사느냐 그것이 문제로다"라는 햄릿의 유명한 대사가 등장하기 한참 전의 일이지만, '죽이느냐 살리느냐'의 문제가 당신 손에 달려 있다. 어찌할 것인가?

아테네의 결정은 유죄였다. 결국 소크라테스는 사형을 선고받는다. 이 과정을 모두 지켜본 소크라테스의 제자 플라톤은 아테네 민주주의에 의문을 품게 된다. 다수의 결정은 언제나 옳은가? 감정에 취약하고, 쉽게 흔들리고, 충동적으로 결정하는 시민에게 모든 판단을 맡겨도 되는가?

커다란 배를 오랫동안 책임져 온 선장이 있다. 폭풍우를 헤쳐 온 경험이 풍부한 데다 누구보다 배에 대해 세세하고 정확하게 알지만, 나이가 들어 귀가 잘 들리지 않고 시력도 약해졌다. 이를 빌미로 삼아 선원들이 선장을 몰아내려 한다. 선원들은 선장에게서 배의 운전대인 키를 뺏기 위해 협박을 일삼고 폭력도 서슴지 않는다. "항해가 별거야? 배를 타고 있으면 저절로 알게 되겠지. 키를 내놓으라고!" 선원들은 항해술을 배울 생각도 없고 그것이 꼭 필요하다고 생각하지도 않는다. 그들은 그저 배에 있는 것들을 차지하고 싶고 제멋대로 먹고 마시고 싶을 뿐이다. 만약 이들이 선장을 대신한다면 배를 탄 사람 모두가 위험에 빠질 것이다. 폭풍우가 몰아쳐 생명을 잃을 수도 있다. 따라서 배는 무지한 선원들이 아니라 항해술을 잘 아는 전문가가 운행해야 한다는 게 플라톤의 생각이었다.[11] 이를 철인정치 혹은 수호자주의라고 부른다.

여기서 '철인(哲人)'이란 철학자 왕을 말하는데, 옳고 그름을 판명할 수 있는 철학자만이 지혜로운 통치를 할 수 있다는 의미다. 플라톤은 개인과 사회가 조화로운 국가를 꿈꿨다. 훌륭한 국가는 훌륭한 개인을 배출하는 국가다. 이를 위해 철학자 왕은 사람들이 자신의 재능에 알맞은 역할을 잘 수행할 수 있도록 이끌어야 한다. 아무나 할 수 있는 일이 아니다. 플라톤은 교육과 훈련을 충분히 받은 사람만이 이 일을 할 수 있다고 보았다.

정치는 이상을 향해 나아가는 작은 걸음

플라톤은 자신의 정치관을 실현하기 위해 '아카데메이아'를 만들어 교육에 힘쓴다. 도대체 대학을 누가 만들었는지 찾고 싶다면, 그렇다, 바로 플라톤이다. 아카데메이아가 대학의 시초다.[12] 플라톤은 국가가 학교처럼 기능해야 한다고 생각했다. 선생님이 학생을 가르치듯 좋은 정치를 통해 좋은 시민을 길러내야 한다는 것이다. 플라톤이 세운 학교의 학생 중 한 사람이 "인간은 정치적 동물"이라는 말을 남긴 아리스토텔레스다.[13]

아리스토텔레스는 형이상학, 윤리학, 논리학, 생물학 등 다양한 분야에 능통했다. 또한 그가 세운 철학과 과학 체계는 이후 서양 학문의 밑바탕이 되었다. 그는 국가의 목적은 시민에게 단순한 생존이 아닌 훌륭한 삶을 제공하는 것이라고 주장했다. 그저 생존이 목적이라면 '동물들의 국가'도 있어야 할 텐데, 그런 국가는 없다.[14] 이처럼 인간만이 유일하게 본성적으로 국가를 추구하기에 인간을 '정치적 동물'이라고 한 것이다.

아리스토텔레스는 인간이 다른 동물과 달리 정치적 동물이 될 수 있는 가장 큰 이유로 언어 능력을 꼽았다. 또한 인간만이 선과 악, 옳고 그름을 인식하며, 행복을 추구하고, 자유로운 선택에 근거한 삶을 살아간다고 보았다. 이러한 '이성(logos)'이 인간을 정치적으로 만든다는 것이다. 다만 인간은 법과 정의가 없으면 사악한 동물과 다를 바 없게 되므로 국가 안에서 살아가야 한다고 보았다.[15] 개인의 행복 또한 국가 안에서만 온전히 실현될 수 있다는 게 그의 생각이었다.

나중에 아리스토텔레스도 정치적 이유로 인해 목숨이 위태로워지는데, 스승의 스승이었던 소크라테스와 달리 그는 아테네를 떠난다. "아테네인이 두 번이나 철학에 대해 죄짓는 걸 바라지 않기 때문"이라는 말을 남겼다고 전한다.[16]

라파엘로의 그림 〈아테네 학당〉을 보면, 중앙에 플라톤과 아리스토텔레스가 함께 서 있다. 플라톤은 손으로 하늘을 가리키고, 아리스토텔레스는 땅을 향해 손을 펼친 모습이다. 두 철학자의 사상적 차이를 상징적으로 보여 주는 그림이라는 해석이 있는데, 두 사람 모두 정치에 대한 철학을 펼친 만큼 정치란 무엇인가를 되묻는 것 같기도 하다. 다시 말해, 정치는 이상향(하늘)과 현실적 최선(땅) 사이에 놓여 있다. 우리가 아무리 애써도 모든 사람이 완벽하게 행복한 이상적 공동체를 만들기는 어렵다. 하지만 더 나은 사회를 향한 노력을 멈춰서도 안 된다. 꿈을 포기하지 않고, 현실에서 최선을 다하는 일이 정치다.

삶도 마찬가지다. 우리는 누구나 아름다운 꿈과 한숨 나오는 현실 그 사이에서 살아간다. 성적에 따라 줄 세우는 사회로부터

도망치고 싶은 마음이 오늘도 내 발걸음을 PC방으로 이끈다. 꿈이 무엇인지 생각할 겨를도 없다. 아무도 내 꿈에 관심이 있는 것 같지 않다. 심지어 나조차 그렇다. 밥 먹고, 학교 가고, 학원 가고, 자고 일어나 다시 학교 가고 학원 가는, 비슷비슷한 하루를 보낸다. 그럼에도 기억해야 할 것은 그 하루하루가 내 삶을 만든다는 사실이다. 누구도 1년, 10년을 한 번에 살 수 없다. 삶도, 정치도 오늘 하루를 어떻게 보냈느냐에 따라 딱 그만큼 앞으로 나아간다.

아테네의 민주주의는 아테네가 마케도니아와의 싸움에서 패배하면서 허물어진다. 이후 근근이 명맥을 이어 가다 로마제국의 지배를 받게 되면서 최초의 민주주의는 결국 종말을 고한다.

그 뒤 1,000년이 넘는 세월 동안 '민주주의'라는 말은 자취를 감추었다. 사람들은 왕이나 귀족 등 소수의 지배자가 국가의 권력을 장악하는 정치체제에서 살아갔고, 신의 권력(신권)과 신이 준 권한을 부여받은 왕(왕권)에 의한 통치가 영원할 것만 같았다. 그런데 사라진 줄 알았던 민주주의가 다시 등장한다. 무슨 일이 일어난 것일까?

2 〜〜〜〜 다시 등장한 민주주의

 노동자계급, 신분제에 균열을 내다

오늘날 우리는 민주주의를 자연스럽게 받아들인다. 공기와 비슷하다고 할까. 민주주의가 아닌 정치체제를 상상하기가 오히려 어렵다. 고래가 한때 육지에서 살았다는 게 믿기지 않는 것처럼 말이다. 민주주의가 인간 사회에서 긍정적으로 평가된 것은 겨우 100년 정도 된 일이다. 민주주의가 거의 모든 나라에서 보편적 정치제도로 자리 잡은 지는 불과 수십 년밖에 되지 않았다. 말하자면 할머니, 할아버지 연세 정도라고 할 수 있다.

인류 역사에서 왕이 백성을 다스린 기간은 이보다 훨씬 길었다. 거의 2,000년 동안 전 세계의 보편적 정치제도는 '군주제'였다. 군주, 즉 왕이 다스리는 체제다. 지금도 영국처럼 왕의 지위는 유지하되 왕의 권력 행사는 헌법으로 제한하는 나라들이 많다.

이런 정치체제를 '입헌군주제'라고 하는데, 나라의 이름에 왕국(kingdom)이라는 표현을 쓰기도 한다.

왕이 다스리는 나라에서는 왕이 좋은 사람이냐, 악행을 일삼는 사람이냐에 따라 백성들의 삶이 크게 좌우된다. 왕좌는 세습되고, 한번 왕이 되면 죽을 때까지 자리를 유지하기 때문에, 악한 왕의 백성으로 태어났다면 평생을 두려움 속에 살게 될 수도 있다. 운이 좋아 선한 왕을 만났다 하더라도 그의 시선이 미치지 못하는 곳에 산다면 왕이 악하든 선하든 별다른 차이를 느끼지 못할 것이고, 만약 왕이 착한 천성으로 인해 주위 사람을 쉽게 믿어 살해당한다면 그의 백성이 되었던 행운도 짧게 끝나고 말 것이다.

그런데 왕이 통치하는 군주제 국가이지만, 왕의 권력이 미치지 못하는 곳이 있을 때는 어떻게 다스려야 할까? 걱정할 것 없다. 귀족들이 있다. 커다란 피자 한 판을 통째로 들고 먹기는 힘들지만 여덟 조각으로 잘라서 먹으면 편한 것과 비슷하다. 피자의 조각에 해당하는 영토와 백성을 귀족들에게 나눠 맡기고 왕은 귀족들만 관리하면 된다. 또한 왕과 귀족, 귀족과 귀족이 서로 견제하면 권력이 한 사람에게 집중됐을 때 발생하는 문제를 줄일 수 있다. 어떤가? 1,000년 넘게 지속될 만큼 꽤 괜찮은 제도처럼 보이는가?

귀족정치의 최대 단점은 신분제를 바탕으로 한다는 것이다.

태어날 때부터 왕족, 귀족, 평민 등으로 신분이 구분된다. 누구보다 뛰어난 재능이 있어도, 아무리 열심히 노력해도 타고난 신분은 달라지지 않는다. 정치는 왕과 귀족들의 몫이며 평민들은 통치에 참여할 수 없다. 지배하는 사람과 지배받는 사람이 명확히 구분되어 있고, 둘은 바뀔 수 없다. 피자를 먹을 수 있는 사람이 정해져 있다는 말이다. 내가 평민이라면 나는 평생 피자를 먹을 수 없다.

농사를 지어 피자에 들어갈 재료를 준비하고, 밀을 가루 내어 반죽하고, 화덕에 불을 피워 피자를 구운 건 나다. 그런데 단지 평민이라는 이유로 먹을 수 없다니 억울하다. 이런 마음들이 쌓여가면서 서서히 신분제가 허물어진다. 16세기 종교개혁을 통해 종교가 정치로부터 분리되기 시작했으며, 17세기 영국에서 일어난 시민혁명은 권력을 왕에게서 의회로 이동시켰다. 그리고 18세기 산업혁명으로 귀족도 평민도 아닌 새로운 계층이 출현한다. 땅을 가진 신흥 지주, 재산을 가진 상인, 일하는 노동자가 등장하고 또 성장하면서 기존의 정치 질서는 송두리째 뒤흔들린다. 새로운 세상이 열리고 있었다.

그중 산업혁명이 미친 영향은 결정적이었다. 기계가 발달하면서 인간 노동력이 가진 한계를 훌쩍 뛰어넘을 수 있게 되었으니 말이다. 가정에서 가족 구성원들에 의해 소규모로 만들어지던 물건이 이제는 공장에서 대량으로 생산되었다. 철도가 깔려 기관차 한 대가 말 수백 마리 역할을 했다. 생산력이 비약적으로 발전했고, 생산된 제품을 아주 먼 곳에도 팔 수 있게 되었다.

산업혁명 이전에는 옷이 필요해지면 옷을 만드는 사람에게 주문을 넣었고, 옷 제작자도 주문을 받으면 그때부터 옷을 짓기 시작했다. 재단부터 바느질까지 모든 과정을 한 사람이 담당하거나 가족이 일을 나누었다. 주문자에게 넘겨주기 전까지 옷은 그것을 만든 이의 것이었다.

공장은 달랐다. 공장에서는 누가 주문하지 않아도 옷을 만든다. 그런가 하면 실을 뽑아 천을 만들고, 천을 자르고, 바느질하고, 단추를 다는 사람이 모두 다르다. 옷 한 벌이 여러 사람의 손을 거쳐 만들어진다. 분업이 이루어진 것이다. 또한 팔리기 전까지 옷의 소유권은 옷을 만든 이들이 아니라 공장 사장에게 있다.[17] 공장 노동자인 나는 옷이 얼마에 팔리든 상관없이 미리 정해진 임금을 받을 뿐이다.

공장을 소유한 사람과 공장에서 임금을 받고 일하는 사람이 구분되면서 자본가와 노동자라는 계급이 생겨났다. 노동자들은 오랜 시간 일하고도 가난했다. 돈을 더 많이 벌고 싶은 사장이 노동자에게 적은 임금을 주면서 최대한 많은 옷을 만들도록 강제했기 때문이다. 노동자는 자신이 생산한 그 옷을 살 수 없을 만큼 임금이 적었다. 하지만 공장에서 일하지 않으면 돈을 벌 방법이 없었던 노동자들은 최악의 조건을 감내하면서 고된 노동을 할 수밖에 없었다.

가난과 불안, 불이익에 고통받던 노동자들은 점차 권리를 주장한다. "투표권을 주시오!" 1830~1840년대에 영국 노동자들이 투표권을 요구했다. 이를 '차티스트 운동'이라 하는데, 이들이 제출한 청원서 '인민헌장(People's Charter)'에서 비롯한 이름이다.

이전까지는 재산을 가진 중산층 남성만 선거권을 가졌다. "오, 당신은 재산이 많군요. 당신은 대학 교수군요. 투표할 자격이 충분합니다." 이처럼 재산, 신분, 성별, 직업 등 특정한 자격을 갖춘 사람에게만 제한적으로 선거권을 줬다고 해서 '제한선거'라고 부른다. 어떤 사람에게는 한 표가 아니라 두 표를 주기도 했다.

반면 '보통선거'는 일정한 나이가 되면 묻지도 따지지도 않고 해당자 모두에게 동등한 선거권을 주는 것이다. "열여덟 살이 되었다고요? 그럼 투표권을 드리겠습니다. 모두 한 표씩이니 잃어버리지 마세요."

보통선거는 제1차 세계대전이 끝난 뒤 폭넓게 확산했다. 안정적으로 제도화한 것은 제2차 세계대전 이후다. 물론 전 세계가 한날한시에 보통선거를 도입하기로 결정한 것은 아니다. 각 나라의 민주주의 발전 정도에 따라 수십 년의 시차를 두고 퍼져 나갔다.

현대 민주주의의 역사는 노동자들이 정치적 권리를 확보해 가는 과정이었다 해도 과언이 아니다. 특히 노동자들의 참정권 요구는 '보통 사람들의 민주주의'를 확립했다. 영국의 경우 1867년 도시 노동자를 중심으로 성인 남성 3분의 1에게까지 선거권이 확대되었고,[18] 1884년에는 세금을 내는 가구의 가장(家長) 대부분이 선거권을 갖게 되면서 농촌, 광산 노동자를 포함한 성인 남성의 3분의 2가 유권자가 되었다.[19] 그리고 1918년, 21세 이상의 모든 남성에게 선거권이 보장되었다.[20] 오늘날 왕이나 귀족이 아니어도, 재산을 소유하지 않아도, 특별한 지식이 없어도 동등한 정치적 권리를 누릴 수 있게 된 것은 노동자들이 싸워서 얻어 낸 값진 성과다.

보통선거권 확립이라는 무대에는 또 다른 주인공이 있는데, 바로 여성이다. 산업화가 진행되면서 취업하는 여성이 늘고, 여성의 사회 진출 또한 증가했지만 여성에게는 여전히 참정권이 주어지지 않았다. 여성들은 시민으로서 동등한 권리를 요구하기 시작했다. 의회에 청원하는 평화로운 방식을 택했던 차티스트 운동과 달리 여성 참정권 획득을 목표로 한 서프러제트(suffragette) 운동은 '말이 아니라 행동(Deed not Words)'을 내세워, 실제로 유리창을 깨거나 우체통을 폭파하는 등 과격한 방법도 썼다. 특히 1913년 에밀리 와일딩 데이비슨이 군중이 가득한 경마 대회에서 "여성에게 참정권을!"이라 외치며 전속력으로 달리는 말 앞으로 뛰어들어 사망한 사건은 사람들에게 큰 충격을 주었다.

이후 전쟁이 발발하고 남성들이 전쟁터에서 싸우는 동안 공장과 교통수단, 행정 기구를 계속 이끌어 나간 이들은 여성이었다. 전쟁이 끝나자 동등한 시민권을 달라는 여성들의 요구가 더 거세어졌다. 1919년 독일은 새로운 헌법을 만들기 위한 제헌의회 선거를 실시했는데, 이때 독일 역사상 처음으로 성인 남녀 모두가 선거에 참여한다.[21]

영국에서 여성의 보통선거권은 이로부터 한참 뒤인 1928년에 부여된다. 유럽에서 가장 늦게 여성의 선거권을 인정한 나라는 스위스인데, 지금으로부터 불과 50여 년 전인 1971년의 일이다.[22] 오늘날 우리가 공기처럼 누리는 민주주의는 노동자와 여성 들의 이런 기나긴 노력에 힘입은 것이다.

 현대 민주주의의 요람이 된 나라, 미국

민주주의의 역사를 이야기할 때 미국을 빼놓을 수 없다. '여기는 누구나 평등하군!' 1831년 미국에 도착한 프랑스인 알렉시 드 토크빌은 신분 차별이 없는 새로운 사회를 보고 깜짝 놀란다. 시민이 입법자를 선출하여 입법에 참여하고, 행정부 관리를 선출하여 법률의 집행에 참여하는 모습을 보고 어찌나 놀랐는지 "마치 하느님이 우주를 다스리듯이 아메리카의 정계는 국민이 다스린다"라고 말할 정도였다.[23] 미국을 관찰한 토크빌은 많은 나라가 미국과 같은 민주주의의 길을 걷게 될 것이라고 내다봤다. 그의 예측대로 오늘날 민주주의는 전 세계로 퍼졌다.

애초 미국은 유럽에서 이주해 온 개척자들의 나라였다. 귀족과 평민으로 신분이 구분되지 않았고, 부모님으로부터 막대한 재산을 상속받거나 가문의 후광을 업고 누리는 사회적 지위도 없었다. 모든 것은 자신의 노력에 달려 있었다.

그러나 당시 미국은 주권국이 아니라 영국의 식민지였다. 1765년 영국 왕 조지 3세가 부족한 재정을 확보하기 위해 식민지에서 발행하는 모든 인쇄물에 세금을 부과하는 '인지세법'을 제정하자 미국인[24]들은 식민지 자치권을 침해했다며 크게 반발한다. 서류, 신문이나 책은 물론 놀이용 카드까지 인쇄물이라면 모조리 세금을 물린 것도 문제였지만, 근본적으로 미국인의 발언권이 없는 영국 의회에서 제정된 법이라는 점에서 반감을 샀다. 이에 "대표 없이 과세 없다"라는 말이 나오게 된다. 입법과 과세의 결정은 국민을 대표하는 사람에 의해서만 이루어질 수 있다는 의미다.

인지세법은 1년 만에 폐기되었으나 영국은 거기서 멈추지 않고 오히려 더 강력한 법을 제정한다. 식민지에 관한 법을 제정할 권리 자체가 영국에 있다고 선언한 법이다. 1766년 제정된 이 선언법은 미국의 자치권을 인정하지 않겠다는 영국의 확고한 의지를 보여준 것이었다. 갈등이 부글부글 끓어오르고 있었다.

영국과 식민지 미국 사이의 갈등은 '보스턴 차 사건'으로 일촉즉발의 상황에 이른다. 영국이 홍차 공급 독점권을 영국의 동인도회사에 주자 이에 반발한 미국인들이 보스턴 항구에 정박한 영국 배를 습격하여 수백 상자의 차를 바다에 던져 버린 사건이다. 버려진 홍차 잎이 너무 많아 바닷물의 색이 변할 정도였다고 한다. 영국은 함대를 보내 보스턴 항구를 지키며 응징에 나섰고, 미국의 주(state) 대표들은 영국의 조치에 강경하게 대응하기로 한다.

1775년, 마침내 미국과 영국 사이에 전쟁이 발발한다. 바로 미국독립전쟁이다. 전쟁 도중인 1776년 7월 4일, 미국은 독립선언을 해 버린다. 두 나라의 전쟁은 1783년 파리조약을 맺음으로써 미국의 승리로 끝난다.[25] 이로써 미국은 독립국가의 길을 가게 된다. 새로운 나라에서 기존의 제도와 관습에 얽매이지 않고 자유롭게 정치제도를 설계할 수 있게 된 것이다. 삼권분립, 견제와 균형, 임기가 정해진 공직자, 개인의 권리 보장 등 우리가 '민주주의'라고 받아들이는 정치제도의 기본 운영 원리가 이때 만들어졌다.

집을 짓기 전 설계도를 그리는 건축가가 있듯이 미국이라는 나라가 만들어질 때도 정치제도를 최초로 설계한 사람들이 있었다. 그들의 고민은 인간이 천사가 아니라는 사실이었다. 천사들의 세상에서는 '어떤 일을 해도 된다, 안 된다' 정할 필요가 없다. 법이나 제도를 만들지 않아도 세상은 평화로울 것이다. 하지만 우리는 천사가 아니다. 이기적이고, 가끔은 욕심을 부리기도 하고, 시시때때로 남을 시샘하고 질투하는 평범한 인간이다. 정치제도는 천사를 위한 제도가 아니라 완벽하지 않은 인간들의 삶에 발을 딛고 있는 제도다.

미국 정부가 수립될 때 쓰인 《페더럴리스트》에 바로 이런 내용이 담겨 있다. "만약 인간이 천사라면, 어떤 정부도 필요하지 않을 것이다. 만일 천사가 인간을 통치한다면, 정부에 대한 그 어떤 외부적 또는 내부적 통제도 필요하지 않을 것이다. 인간에 대해 인간에 의해 운영될 정부를 구성하는 데서 최대의 난점은 여기에 있다."[26]

 민주주의의 비밀 병기

토크빌은 미국 민주주의에 경탄하면서도 한편으로는 다수의 횡

포를 걱정했다. 군주제에서는 귀족이 왕을 견제하고, 귀족의 권력 남용은 왕이 제한할 수 있는데, 시민에 의한 정치체제에서는 대체 누가 어떻게 견제한단 말인가? 민주주의는 기본적으로 다수의 손을 들어 주는 제도다. 10명 중 6명 이상이 찬성하면 그 의견에 따라야 한다.

그런데 다수의 의견이 옳지 않다면? 채식을 하는 사람에게 다수결로 정했다며 고기를 먹으라고 강요할 수는 없다. 다수결로 종교를 정할 수도 없다. 다수결로 방학 날짜를 결정한다면 방학은 며칠이 될까? 세상에는 다수결로 정할 수 없는 것들이 존재한다.

다수결에는 또 다른 문제도 있다. 만약 20명이 있는 학급에서 모든 것을 다수결로 결정한다면 11명의 의견만 가치 있게 취급될 것이다. 11명이 '한편'이 되어 다른 9명의 의견을 번번이 무시한다면, 이를 민주주의라고 할 수 있을까?

소수의 의견도 다수의 의견 못지않게 중요하다. 그러므로 집단이 개인의 자유를 억압하지 않도록 제도적 장치를 마련해야 한다. 미국 헌법을 쓴 사람들은 이에 대한 해법으로 '많은 파당'을 제시했다.[27] 파당은 '이해를 같이하는 사람들의 집단'을 말한다. 생각해 보자. 탕수육을 먹을 때도 '찍먹파'와 '부먹파'가 있다. 치킨을 먹을 때도 프라이드치킨을 좋아하는 사람, 양념치킨을 좋아하는 사람, 반반을 선호하는 사람으로 나뉜다. 나는 찍먹파인데 나를 뺀 나머지 모두가 부먹파라면? 나는 프라이드치킨이 좋은데 다수결에 따라 양념치킨만 시켜야 한다면? 나는 늘 불만이 가득할 것이다.

어떻게 해결해야 할까? 찍먹파를 결성해 소스를 붓기 전 탕수육의 절반을 덜어 놓도록 해야 한다. 프라이드치킨 모임을 조직해 양념하지 않은 치킨을 먹을 권리를 주장해야 한다. 이들은 머지않아 순살파와 뼈 있는 치킨파로 한 번 더 나뉠지도 모른다. 배달파와 매장파가 생겨날 수도 있다. 권리 주장이 자연스러워진다면 일주일에 한 번 마라탕을 먹는 사람 모임, 오이를 싫어하는 사람 모임, 얼어 죽어도 아이스 아메리카노를 마시는 모임 등 소수자 모임도 결성할 수 있을 것이다. 다양한 의견을 가진 여러 모임이 있다면 어느 한 의견이 지배적 영향력을 행사할 가능성은 줄어든다.

쉿! 민주주의의 숨겨진 비밀은, 자유로운 시민들이 자발적으로 결사(結社)할 수 있다는 것이다. 결사는 사람들이 공통의 목적을 이루기 위해 스스로 모임을 만든다는 뜻이다. 민주주의가 적은 숫자의 강한 사람보다 많은 숫자의 약한 사람에게 유리한 정치체제인 것은 바로 '결사의 자유' 때문이다. 민주주의에서는 힘이 센 사람보다 힘이 약하더라도 함께 뭉친 여럿이 더 유리하다. 이런 정치체제는 오로지 민주주의뿐이다. 그러므로 당신이 약자라면 조직을 결성하고 참여하는 일에 힘을 쏟아야 한다. 학생회와 청소년 단체, 노동조합이 중요한 이유다. '결사체'는 수많은 공격으로부터 나와 우리를 지키는 강력한 방어막이다.

민주주의 최고의 결사체는 정당이다. 현대사회는 복잡하고, 현대인들은 분주하다. 각 영역이 점점 더 전문화되고 세분화되고 있다. 시민들이 모든 사회문제를 이해해 직접 판단하고 개입하기 어렵다. 이 때문에 나의 이해와 요구를 대신해 줄 정당이 필요하다.

정치학자 샤츠슈나이더는 현대 민주주의와 아테네 민주주의는 큰 차이가 있다고 말한다.[28] 2,000년 만에 다시 돌아온 민주주의는 추첨 방식을 택한 고대 아테네와 달리 시민 대신 통치할 대표를 선거로 선출한다. 아테네 민주주의가 '시민의 통치'였다면 현대 민주주의는 '시민의 동의에 의한 통치'가 핵심이다. 시민은 정부를 운영할 정당을 선택하고, 자유롭게 비판하고, 마음에 안 들면 교체할 권리를 가진다. 정당과 정치인은 자신을 선출해 준 시민들의 요구에 따라 정책을 펼치고, 그 결과에 책임을 진다. 다음 선거가 돌아올 때까지!

3 ~~~~~~ 민주주의의 도전자들

 전체주의라는 어두운 그림자

민주주의가 자리 잡는 과정은 순탄치 않았다. 시작부터 커다란 도전을 겪었다. 두 차례의 세계대전은 인류에게 큰 고통을 주었을 뿐만 아니라 민주주의를 출발선에서 주저앉힐 뻔했다. 제1차 세계대전 직후 이탈리아에서는 선풍적 인기를 끄는 정치인이 등장하는데, 파시스트당의 무솔리니다. 이탈리아가 전쟁에서 이겼음에도 별다른 이득을 챙기지 못하자 시민들의 불만이 커졌다. 무솔리니는 시민들의 이런 심리를 이용했다.

무솔리니는 '국가'를 중심으로 하나가 되자고 선동했다. 그런데 그가 말한 '하나'는 체육대회에서 이기기 위해 같은 반 학생들이 똘똘 뭉치는 것과는 다르다. 우리나라를 자랑스럽게 생각하는 것과도 다르다. 국가가 곧 법이고, 무조건 국가의 명령에 따라야 한다. 명령에 따르지 않으면 '결속'을 해치는 사람이므로 처벌을 받는다. 파시스트당은 다른 정당을 인정하지 않았고, 언론의 자유를 없앴으며, 반대 의견을 말하면 감옥에 가뒀다. 무솔리니 자신이 곧 국가였다.

이탈리아어로 파쇼(fascio)는 한 묶음, 단결, 결속을 뜻한다. 여기서 비롯된 단어가 '파시즘(fascism)'이다. 파시즘의 가장 큰 특징은 다른 의견을 인정하지 않는다는 점이다. 지도자도 한 사람, 정당도 하나뿐이다. 이들은 자신들이 절대적으로 옳다고 주장한다. 국가는 최고의 가치이며 국가의 명령에 복종하는 것을 미덕이라고 여긴다. 이를 전체주의라고 한다.

같은 시기 독일에서는 바이마르공화국이 탄생하여 민주주의 실험이 진행된다. 바이마르 헌법은 '국가권력이 국민으로부터 나온다'라고 국민 주권의 원칙을 밝혔으며, 보통선거·평등선거·직접선거·비밀선거 등 선거의 원칙을 명시하고, 만 20세 이상 성인 남녀 모두에게 투표의 권리를 부여했다. 언론의 자유, 집회의 자유, 정당 결성의 자유도 보장했다. 이후 만들어진 여러 나라의 헌법은 바이마르 헌법을 모델로 했다.

그러나 훌륭한 제도가 있다 해서 결과가 반드시 좋은 것은 아니다. 바이마르공화국은 곧 혼란의 도가니에 빠져, 14년 동안 내각이 무려 열여섯 번이나 바뀌었다.[29] 제1차 세계대전에서 패한 독일은 전쟁 배상금을 갚아야 했다. 액수는 어마어마했고, 독일은 그만한 경제적 능력이 없었다. 독일 정부는 돈을 더 많이 찍었고, 돈이 시장에 많이 풀리자 물가는 하늘을 찌를 기세로 치솟았다. 어느 정도였냐 하면, 1919년 0.8마르크였던 빵 한 덩어리 가격이 1923년에는 3,990억 마르크가 되었다.[30] 1원에 사던 빵이 4,000억 원이 된 셈이다. 4,000원이 아니고 4,000억 원이다. 상상하기 어려운 일이 실제로 일어났었다.

자고 일어나면 가격이 오르니 사람들은 월급을 타면 바로 빵 가게에 가서 줄을 섰다. 줄을 서서 기다리는 동안에도 가격은 계속 올랐다고 한다. 어떤 사람들은 돈을 난로 땔감으로 썼다. 석탄을 사는 것보다 돈을 태우는 게 더 쌌기 때문이다. 사람들의 실망과 분노를 양분 삼아 위험의 싹이 자라나기 시작했다.

1933년, 인류 역사에 두 번 다시 등장해선 안 될 독재자 히틀러가 독일의 수상이 된다. 시민들은 히틀러와 나치당을 지지했다. 강력한 지도자가 당면한 위기를 극복해 주길 바랐기 때문이다. 히틀러는 권력을 손에 쥐자 자신의 목표를 향해 성큼성큼 나아간다. 걸림돌이 되는 것은 모조리 제거한다. 의회를 해산하고, 정치적 견해를 달리하는 사람은 수용소에 가두거나 살해했다. 한 해도 못 가 독일에는 정당이라고는 오직 나치당만 남았다.[31] 나치당은 비밀경찰을 통해 시민들을 감시하고, 국가에 무조건 충성하

내 손으로 만드는 내 삶을 위한 정치

고 복종하도록 강제했다. 히틀러는 제2차 세계대전을 일으키고, 유대인 600만 명을 학살하고, 집시와 장애인, 성 소수자, 정치인 500만 명을 살해한다.

사람들은 크나큰 희생을 치르고 나서야 국가가 모든 것을 주도하는 '전체주의'가 얼마나 위험한지 깨닫게 되었다. 하나의 이념, 하나의 제도, 하나의 정당은 독재의 수렁에 쉽게 빠진다. 세상에는 다양한 사람들이 있다. 우리는 모두 서로 다른 의견을 가지고 살아간다. 내 생각이 언제나 옳을 수 없고, 네 생각이 전부 틀린 것도 아니다. 그저 의견이 다를 뿐이다. 차이 때문에 발생하는 다툼과 갈등은 우리를 불편하고 힘들게 한다. 하지만 그 불편과 고통이 자유에 자연스럽게 뒤따르는 것임을 알기에 기꺼이 참는다.

전체주의의 위험은 완전히 사라지지 않았다. 민주주의 체제 안에서도 언제든 나타날 수 있다. 내 편과 네 편을 가르고 자기 편만 옳다고 생각하는 세력이 힘을 키워 가는데, 다른 사람들이 그것을 못 본 척 입을 다물어 버린다면 전체주의가 슬며시 고개를 내밀 것이다. 민주주의라면 누구나 자유롭게 자신의 의견을 말할 수 있어야 한다. 다른 의견이 허용되지 않고 비판이 존재하지 않는다면, 그 사회는 전체주의의 위험을 막아낼 수 없다.

민주주의의 얼굴을 한 위험, 포퓰리즘

민주주의는 쉴 없이 도전받고 있다. 지금도 세계 곳곳에서는 민주주의를 위태롭게 하는 전쟁이나 쿠데타가 일어나고 있다. 한편, 민주주의의 얼굴을 한 위험이 우리 곁을 늘 배회하고 있으니, 바로 '포퓰리즘'이다. 누가 포퓰리스트인가? 자신의 인기만 신경 쓰는 정치인들이다. 포퓰리스트들은 인기를 끌 수 있다면 다른 고민거리는 뒤로 미뤄 두어도 된다고 생각한다.

어떤 학교에서 매일 급식으로 햄버거와 탄산음료를 제공한다고 가정해 보자. 어떤 날은 밥 대신 과자를 한 보따리 안겨 주고, 어떤 날은 컵라면과 함께 정신 건강을 위한다며 게임 아이템을 준다. 학생들의 환호를 받을 수는 있겠지만 학생들의 건강은 나빠질 것이다. 청소년기에 필요한 영양을 고루 제공한다는 학교급식의 목적으로부터 멀어지게 된다.

포퓰리스트는 눈앞의 인기만을 생각하기 때문에 장기적 문제는 외면한다. 문제는, 포퓰리즘이 민주주의와 구분하기 어려울뿐더러 때로는 더 민주적으로 보인다는 점이다. 학교급식에 학생들의 선호를 반영하자고 하면 누가 반대할 수 있을까? 설문 조사를 해서 학생들이 싫어하는 반찬을 빼자고 한다면? 일주일에 한 번 정도는 학생들이 좋아하는 라면을 제공하자거나 식단을 영양사가

일방적으로 정하지 말고 전교생이 함께 짜자고 한다면? 모두 그럴싸해 보인다. 하지만 이는 예산과 집행에 대한 고려가 없는 제안이며, 영양사와 조리사의 전문성도 무시한 것이다. 무엇보다 눈앞의 선호가 우선될 가능성이 높으며 건강은 뒷전이 된다.

포퓰리스트는 정치가 소수 권력자의 손에 달려 있다고 비판하며 시민 모두의 의견을 존중해야 한다고 말한다. 좋은 말처럼 들린다. 하지만 이런 말은 정치를 더 나아지게 만들지 않는다. 정치인은 모두 나쁘고 정치에 문제가 있다는 부정적 인식을 확산할 뿐이다. 정치에 대한 불신과 불만이 쌓이면 시민들은 정치에서 점점 더 멀어지게 된다.

사실 정치의 본질은 권력을 얻기 위한 경쟁이다. 권력 추구 자체는 비판의 대상이 아니다. 다만 획득한 권력을 어떻게 사용하느냐가 중요한데, 권력과 시민 사이의 거리가 가까울수록 더 좋은 정치가 가능하다. 시민의 삶의 문제를 차근차근 해결해 갈 수 있기 때문이다. 그런데 '국민의 뜻'이라는 말을 앞세우는 것은 진짜 시민을 위한 것이 아닌 경우가 많다. 시민은 각각 다양한 의견을 가진 존재들이다. 시민은 단 하나의 집단으로 규정하기 어렵고, 시민의 뜻이 하나일 수도 없다. 자신의 편의에 따라 '국민'이라는 이름을 이용하는 것도 포퓰리스트의 특징이다.

포퓰리스트와 포퓰리스트가 아닌 정치가를 구분하는 것이 현대 민주주의의 과제가 되었다. '꿀팁'을 하나 알려주자면, 기존 정치인은 믿을 수 없으니 새로운 정치를 해 나갈 사람인 자신만 믿으라고 한다거나 모든 문제를 단번에 해결할 수 있다거나 미래를 정확히 예측할 수 있다고 말하는 사람이 있다면, 그는 포퓰리스트일 가능성이 높다. 눈앞의 성과보다 오래가는 변화를 만들겠다고 말하는 사람, 모든 문제를 해결하지는 못해도 최선의 방법을 찾겠다고 말하는 사람이 우리에게 필요한 정치인이다.

민주주의는 다양한 도전과 긴장 속에서 작동한다. 민주주의 사회이더라도 약자들의 목소리가 잘 들리지 않는 경우가 허다하다. 어떤 사회에서는 권력 집단이 더 크게 보인다. 토론과 협의의 과정 없이 일방적 결정이 내려지기도 한다. 민주주의 사회는 잘 다져진 탄탄대로가 아니다. 그보다는 돌멩이들이 곳곳에 채는 자갈길, 발이 쑥쑥 빠지는 진흙 길에 가깝다. 한 걸음도 편하게 걸을 수 없다. 그럼에도 갈등하는 문제의 해결 방법을 함께 찾아 나간다는 데 의미가 있다.

민주주의의 가장 좋은 점은 비록 실패하더라도 그것이 '완전한 실패'는 아니라는 점이다. 넘어져도 일어날 수 있다. 패배를 통해서도 배울 수 있다. 민주주의에서는 언제나 다음 기회가 있다. 다음번에 더 나은 결과를 만들 수 있다. 반면 독재자나 포퓰리스트의 지배는 다음이 없는 파국으로 치닫는다.

4 ～～～ 한국은 어떻게 민주주의 사회가 되었을까?

 불안한 출발, 그리고 군부독재

민주주의가 앞서 발전한 나라에서는 무려 100여 년에 걸쳐 보통선거 제도가 서서히 정착했다. 의회 구성과 삼권분립이 자리 잡기까지도 오랜 시간이 걸렸다. 우리나라는 달랐다. 정부 수립과 동시에 제도가 완비되었다. 1948년 첫 선거부터 남성이나 여성이나, 땅이 있는 사람이나 없는 사람이나, 글을 읽을 수 있거나 없거나 상관없이 모두 동등한 참정권을 가졌다. 참정권에 관한 별도의 자격 규정이 없었다. 서구의 경우 세금을 납부할 수 있는 남성에서 출발하여 여성까지 긴 시간에 걸쳐 점진적으로 확대되었다. 미국에서 흑인이 투표하게 된 것은 사실상 1960년대 이후다.

그러니 우리나라는 상당히 선진적인 보통선거제를 갖추고 민주주의의 첫걸음을 내디뎠다고 할 수 있다. 하지만 마냥 좋은 일은 아니었다. 식민지에서 갓 벗어난 나라들의 정치제도는 사회에 천천히 뿌리내릴 여유를 갖지 못해 그 기반이 약했기 때문이다. 노동자와 여성 들의 정치적 요구를 제도에 반영하면서 민주주의 를 확립해 나간 나라들과 달리 우리나라는 강력한 국가기구에 의해 제도가 먼저 만들어지고, 정치와 시민사회가 뒤따르는 형국이었다. 따라서 비록 제도는 도입되었으나 이를 뒷받침할 사회적 기반이 허약했으며 이런 환경은 결국 제도마저 불안하게 만들었다.

출발부터 위태로웠다. 초대 대통령 이승만과 자유당은 정치적 지지가 줄어들고 야당 세력이 커지자 정권을 유지하기 위해 부정선거를 저지른다. 시민들은 크게 반발했고, 선거 무효를 주장하는 고등학생들의 시위가 전국적으로 일어난다. 그러던 중 항구도시 마산의 바닷가에서 눈에 최루탄을 맞아 사망한 고등학생 김주열의 시신이 발견된다. 시민들의 분노는 끓어올랐고, 시위 규모는 점점 더 커졌다.

1960년 4월 19일, 대통령 관저 앞에 모인 시위대를 향해 경찰이 총을 쏜다. 이날 서울에서만 104명, 부산에서 13명, 마산 등지에서 10명, 광주에서 8명 등이 사망했다. 역사는 이날을 '피의 화요일'이라 기록하고 있다. 시위가 열린 3~4월 전국적으로 186명이 사망하고 6,026명이 부상당했으며 수만 명이 경찰에 연행됐다.[32] 이승만이 대통령직에서 물러나고 개헌이 이루어진다. 이 사건이 바로 4·19혁명이다.

혁명이란 기존의 권력 구조, 관습, 제도 등을 급격히 바꾸고 새롭게 세우는 일을 말하는데, 정치적 의미에서 혁명은 주권을 가진 시민들이 정치권력을 교체하기 위해 들고 일어난 사건을 말한다. 4·19혁명은 대한민국 정부 수립 이후 처음으로 이루어 낸 혁명이다. 이후 제2공화국이 민주적 절차에 따라 출범한다.

하지만 불과 1년 뒤 또다시 대한민국의 민주주의에 위기가 닥친다. 1961년 5월 16일, 육군 소장 박정희는 정권을 잡고자 군대를 동원한다. 쿠데타가 발생한 것이다. 쿠데타란 소수의 사람이 무력을 동원해 권력을 차지하는 행위를 말한다. 박정희는 쿠데타 직후 비상조치를 발동한다. 입법부, 행정부, 사법부를 대신하는 '국가재건최고회의'라는 기구를 만들어 삼권분립을 무효로 만들어 버린다. 1963년부터 다시 대통령 선거와 국회의원 총선거를 실시했으나 오래가지 못했다. 1972년에는 헌법을 바꿔 국회를 해산하고, 대통령을 직접 뽑는 선거제도도 없애고, 임기와 상관없이 영구적으로 대통령직을 수행할 수 있도록 한다. 이를 유신헌법 또는 유신 체제라고 한다. 인권 탄압이 자행되었고, 집회와 시위는 금지되었으며 언론도 사전 검열을 했다. 말 한마디만 잘못해도 감옥에 갇혔다. 온 나라가 두려움에 꽁꽁 얼어붙었다.

박정희는 오랜 기간 대통령직을 유지하면서 수출과 성장 중심의 경제정책을 펼친다. 속도감 있는 성장으로 국민소득은 늘었고 빠르게 가난에서 벗어나 경제적으로는 눈부시게 발전했다. 하지만 그 이면에는 노동자의 희생이 있었다. 저임금과 장시간 노동이라는 열악한 조건을 감내한 노동자들의 희생을 발판 삼아 성장한 것은 재벌이었다. 대기업과 재벌 중심의 경제성장은 지금까지도 한국 사회에 그늘을 만들고 있다.

박정희는 '잘살아 보세'라는 구호를 앞세워 새마을운동을 추진하기도 했다. 동네방네 "새벽종이 울렸네, 새 아침이 밝았네"로 시작하는 새마을 노래가 울려 퍼졌다. 새마을운동은 가난에서 벗어나자며 정부가 주도한 생활개선 운동이다. 지푸라기를 엮어 올린 초가지붕 집이 사라진 것이 이때다. 흙길이던 마을 길을 포장해 자동차가 다닐 수 있게 했고, 집집이 전기를 연결해 등잔불을 끄게 했다.

농촌을 현대화한 공로에도 불구하고 동네를 살기 좋게 만드는 것보다 유신 체제를 유지하는 것이 주된 목적이었다는 점에서 새마을운동은 거센 비판을 받았다. 정부가 시민들의 정신 개조를 주도했다는 점도 문제라고 지적되었다. 시민의 참여에서 가장 중요한 것은 자율성, 자발성이기 때문이다.

유신 체제에서 국가는 군대와 유사했다. 정부는 명령하고 시민은 복종해야 했다. 경제 발전을 위해서라면 시민의 기본권을 무시해도 괜찮다고 여겼다. 이런 문화가 사회 곳곳에 퍼져 있었다. 대통령과 국민, 사장과 노동자, 선생님과 학생의 관계도 군대 지휘관과 부하의 관계처럼 여겨졌다. 평등한 관계를 형성할 수 없으니 자유롭게 의견을 말할 수도 없고, 대화를 통한 토론과 합의는 불가능에 가까웠다. 위로부터 목표가 주어지면 아무것도 묻지 말고 시키는 대로 따라야 했다. 한국인의 특징이 되어 버린 '빨리빨리' 문화도 이런 사회적 분위기에서 만들어졌다고 볼 수 있다.[33] 권위적 통치는 효율적이다. 억압적 방식은 짧은 시간에 성과를 낼 수 있다. 하지만 사람들은 억압을 오래 견디지 못한다. 인간이라면 누구나 자유롭게 자신의 삶을 살기를 원하기 때문이다.

1979년 박정희가 부하의 총에 맞아 사망하면서 18년 동안 유지된 권위주의 정권이 무너진다. 사회는 들썩인다. 얼어붙은 땅이 녹고 봄이 온 것이다. 학생들은 정부의 민주적 운영을 요구하는 시위를 한다. 그러나 봄을 시샘하는 한파가 한 번 더 몰아친다. 두 번째 군사 쿠데타가 발생한 것이다.

주역은 전두환이다. 쿠데타로 군대를 장악한 이들은 시민들의 반발이 이어지자 1980년 5월 17일 24시를 기점으로 전국에 계엄령을 발동한다. 계엄령은 전쟁이나 국가비상사태 시 대통령이 군대를 동원하여 질서를 유지할 수 있는 권한이다. 계엄령에 따라 모든 집회와 시위가 금지되었고, 학교와 공공기관에도 군대가 투입되었다. 야당 정치인을 체포해 집에서 한 발자국도 못 나가게 가두었다.

위험천만한 상황에서도 광주의 시민과 학생들은 항의 시위를 이어 갔고, 시위 진압을 명목으로 군인들이 광주로 보내진다. 며칠 뒤, 탕! 탕! 총소리가 울리고 시민들이 쓰러진다. 민주화를 요구했을 뿐인데 군인들이 시민을 향해 총을 쏘았다.

5·18민주화운동을 폭력적으로 진압한 전두환은 마침내 대통령이 되지만 그는 시민들이 직접 선출한 대통령이 아니었다. 체육관에서 대리인들이 모여 뽑은 것이다. 전두환은 7년 뒤 그 자리에서 내려온다. 그나마 늦은 봄을 맞게 된 것은 시민들의 항쟁 덕이었다.

 성숙해 가는 한국의 민주주의

1987년 1월, 치안본부(경찰)에서 조사받던 대학생이 사망한다. 경찰은 그가 "책상을 '탁' 하고 치니 '억' 하고 죽었다"라고 발표한다. 이런 일이 있을 수 있을까? 며칠 뒤, 부검에 참여했던 의사가 사실을 밝힌다. 경찰의 물고문으로 학생이 사망했다는 것이다. 그 학생의 이름은 박종철이다. 전국이 분노로 들끓고, 6월 10일에는 전국 22개 지역에서 24만여 명이 참여한 가운데 국민대회가 열린다.[34] 민주화의 상징이 된 6월 항쟁의 시작이다. 당시 시민들이 내건 구호는 '독재타도' '호헌철폐'였다. '더 이상 독재를 용납하지 않겠다' '시민들이 대통령을 직접 선출하겠다'라고 외치며 그에 걸맞은 개헌을 요구했다.

시위는 학생들이 주축이 된 가운데, '넥타이 부대'라고 불린 사무직 노동자와 시민 들이 가세했다. 6월 26일에는 시위 참여 인원이 180만여 명으로 늘어난다.[35] 6월 29일에 이르러 정부는 대통령 직선제 등 시민들의 요구를 수용하는 선언을 발표한다. 이 날짜를 따서 6·29 선언이라고 부른다. 마침내 권위주의가 종식되고 민주주의로의 이행이 이루어진다. 더 이상 군부에 의한 비정상적 통치는 없다. 우리가 지금 대통령을 우리 손으로 뽑을 수 있게 된 것은 시민들의 이러한 노력의 결과다.

6월 항쟁 이후 정치적으로 억눌렸던 요구가 사회 곳곳에서 분출된다. 7월, 8월, 9월에는 노동자들이 차례로 들고일어났다. '노동조합이 필요하다' '제대로 된 노동조합을 만들자'라는 요구가 전국을 흔들었다. 여기저기서 파업과 농성이 일어났다. 석 달 동안 발생한 쟁의 건수가 3,300여 건으로 하루 평균 40건에 이르렀고, 참여한 노동자는 122만 명에 달했다. 쟁의에 참가한 사업장의 절반이 넘는 곳(55%)에서 노동조합이 결성되었다. 1987년

6월 말 2,742개였던 노동조합이 연말에 이르러서는 4,104개로 증가했다.[36]

정당과 노동조합은 민주주의의 양 날개다. 정당 없이 민주주의는 존재할 수 없고, 노동조합 없이 더 나은 민주주의로 나아가기 어렵다. 두 날개를 활짝 펼쳐야 힘껏 날아오를 수 있다. 우리 사회에도 민주화와 함께 노동조합이라는 사회적 기반이 다져졌다.

대통령 직선제를 실시한 지 10년이 되는 1997년, 처음으로 집권 정당이 바뀌는 정권 교체가 이루어진다. 김대중은 야당 소속으로 당선된 첫 대통령이다. 여당과 야당이 바뀌는 수평적 정권 교체는 민주화의 증표이기도 하다. IMF라는 심각한 경제 위기 상황이 낳은 역설적 결과이지만 한국 민주주의는 이를 통해 한 단계 성숙한다. 지방자치제도가 확립된 것도 이때다. 이전에는 행정부가 지방자치단체장을 임명했는데, 이후로는 선거를 통해 선출하게 되었다. 지방의회 역시 주민들이 선거를 거쳐 직접 구성하게 됐다. 교육자치제도 이루어져 시도 교육청 교육감을 직접 선출하게 되었다.

그리고 2017년, 시민들은 새로운 도전에 직면한다. 우리나라는 대통령제를 채택하고 있다. 대통령은 행정부를 이끌 권한을 갖고 있고, 대법원장, 대법관, 헌법재판소장을 임명할 권한이 있다. 국회에서 통과된 법안을 거부할 수 있으며, 비상계엄을 선포할 수 있다. 이처럼 대통령에게 막강한 권한을 주었지만, 만일 대통령이 국정 운영을 잘하지 못한다면 임기 5년을 마치기 전, 탄핵을 통해 그 권한을 회수할 수 있다. 하지만 이런 일이 실제로 발생할 것이라고는 누구도 생각하지 못했다. 1987년 이후에는 선거를 통해 대통령을 바꾸는 것이 자연스러운 절차였기 때문이다. 그런데 민주화 30년 만에 현직 대통령이 탄핵되는 사태가 벌어진다.

2016년 12월 9일, 국회는 '대통령(박근혜)탄핵소추안'을 의결한다. 시민들이 촛불을 들고 거리로 나간 지 2개월여 만에 이루어진 일이다. 이어 2017년 3월 10일, 헌법재판소는 "피청구인 대통령 박근혜를 파면한다"라고 결정한다. 시민들은 숨죽여 판결을 지켜봤다. 입법부가 탄핵소추안을 의결하고, 헌법재판소는 이를 인용하여 현직 대통령을 자리에서 물러나게 했다. 쿠데타나 혁명이 아니라 제도와 법적 절차에 따라 이루어진 일이다.

박근혜 전 대통령은 지위와 권한을 남용하여 사적 이권 개입에 도움을 주었다. 위헌·위법 행위임은 물론, 시민들의 신임을 배신한 것이다. 시민이 위임한 권력은 임기 중에도 회수될 수 있다. 그 과정이 중요한데, 평화로운 정권 교체에 이어 법적 절차에 따른 대통령 탄핵은 우리의 민주주의가 갖는 힘을 보여 준 것이다.

민주주의는 제도만으로 확립되지 않는다. 지도를 보고 있다 해도 사막이나 산속에서 길을 찾기 어려운 것과 마찬가지다. 민주화 이후의 과제는 민주주의가 실질적 내용을 갖고 발전할 수 있는 최적의 경로를 찾는 것이다. 다음 장에서 살펴볼 '선거'와 '정당'은 민주주의의 핵심 내용이자 민주주의 발전을 위한 필수 요소라 할 수 있다. 나침반과 망원경이 있다면 길을 좀 더 잘 찾을 수 있을 것이다.

2장

누가 내 의견을
대변할
정치인일까?

1 〰〰〰 알아보자, 선거의 모든 것!

 나의 한 표로 대통령이 바뀐다고?

〈스윙보트〉(2008)라는 영화가 있다. 투표는 의미 없는 일이라고 생각하는 무능력하고 게으른 아빠 버드와 투표는 시민의 의무라고 생각하며 연방의회 의장을 꿈꾸는 열두 살 몰리가 주인공이다. 대통령 선거가 있는 날 몰리는 학교 숙제를 하기 위해 아빠와 투표소에 가기로 약속한다. 그런데 정작 투표를 해야 할 아빠가 나타나지 않는다. 투표소에서 망설이던 몰리가 어른들의 눈을 피해 아빠 대신 투표하는데, 그 순간 정전이 된다. 이런! 일이 커졌다. 몰리가 던진 표가 전자 시스템에 집계되지 않은 것으로 나온다. 선거관리위원회는 버드가 투표를 다시 해야 한다고 결정한다. 그런데 공교롭게도 후보 2명의 득표수가 똑같다. 누가 대통령이 될지는 오로지 버드의 한 표에 달렸다. 작은 마을에 두 정당의 선거

캠프가 차려지고, 단 한 사람의 유권자를 위한 선거운동이 시작된다. 버드는 다른 유권자를 대신해 후보들에게 묻는다. "우리가 세계 최고의 부국이라면 살기 힘든 사람이 왜 이렇게 많습니까?"

영화의 제목이기도 한 '스윙보트(Swing Vote)'는 어느 쪽에 투표할지 결정하지 못해 마음이 흔들리는 부동표를 뜻하는 말이다. 지지하는 정당이나 후보가 없는 사람들을 부동층이라 일컫기도 한다. 이들은 투표를 안 할 수도 있고, 투표소에 들어가서야 누구를 찍을지 정할 수도 있다. 특정한 정치적 입장이 없어서 부동층이 되기도 하지만, 현재의 정당과 정치 전반에 불만이 있는 경우도 많다.

부동층이 늘어나면 부동표를 잡고자 하는 정치인들의 경쟁이 더 치열해진다. 어떻게든 표를 얻으려 거짓 약속을 하거나 상대방을 음해하고 비방하기도 한다. 선거는 혼탁해지고 유권자는 혼란스러워진다. 바람직한 모습은 아니다. 좋은 정치인이라면 자신의 정치관을 바탕으로 준비된 정책을 내놓고, 신뢰할 수 있는 공약으로 유권자를 설득할 수 있어야 한다.

〈스윙보트〉의 주인공처럼 만약 나의 한 표에 누가 대통령이 될지 달려 있다면 어떤 기분이 들까? 우리나라의 미래가 오로지 나의 한 표에 달렸다면? 영화 속 이야기만은 아니다. 실제로 2008년 재·보궐선거에서 강원도 고성 군수가 한 표 차이로 당선된 적이 있다. 2000년에는 세 표 차이로 당선된 국회의원이 있었다.[1] 내가 가진 표의 가치는 생각보다 크다.

투표를 할 수 있는 권리를 선거권이라 하고, 선거에 참여할 법적 권리를 가진 시민을 유권자라고 한다. 선거권과 유권자 모두 '권리'와 관련 있는 단어다. 내게 주어진 권리를 잘 행사해야 하는데, 어떻게 하는 게 잘 행사하는 것일까? '느낌 가는 대로' 투표하는 것보다 나은 방법이 있다. 허황된 공약을 내놓는 사람은 우선 제외해야 한다. 언론에 많이 나온 사람의 유명세나 이미지에 휩쓸려 투표하는 것도 바람직하지 않다.

그렇다면 어떤 기준으로 결정하는 게 좋을까? 나와 견해가 가장 잘 맞는 정당 및 정치인을 찾아보면 된다. 그리고 후보의 공약을 따져 보는 것도 중요하다. "왜 공약을 안 지키냐?" 하고 질문할 수 있으려면 공약을 잘 따져 투표해야 한다. 유권자로서 주어진 권리를 충분히 행사하려면 선택의 기준을 신중하게 정해야 한다.

 누가, 누구를, 어떻게 뽑는 걸까?

선거에서는 세 가지가 중요하다. '누가 투표하느냐?' '누구에게 투표하느냐?' '투표 전후로 무엇을 해야 하느냐?'. 하나씩 알아보자.

내 손으로 만드는 내 삶을 위한 정치

먼저, 누가 투표할 수 있을까? 2020년 제21대 국회의원 선거부터 만 18세 이상이라면 누구나 투표할 수 있다. 이전까지 만 19세 이상이었던 선거권 연령이 한 살 낮춰졌다. 연령은 '선거가 치러지는 날짜'를 기준으로 한다. 같은 나이라 하더라도 선거일 기준 만 18세가 되어야 선거권이 부여된다. 예를 들어 2024년 4월 10일에 치러진 제22대 국회의원 선거는, 2006년 4월 11일에 태어난 사람까지 투표할 수 있다. 즉, 4월 11일이 생일인 사람은 투표할 수 있지만, 4월 12일에 태어난 사람은 다음 선거를 기다려야 한다.

유권자가 되면 행정부를 이끄는 대통령, 입법부를 구성하는 국회의원, 지방정부를 이끄는 지방자치단체장과 지방의회 의원, 교육행정을 책임지는 교육감을 선출할 수 있다. 대통령 선거는 줄여서 대선, 국회의원을 뽑는 선거는 총선, 지방선거는 지선이라고도 한다.

유권자의 권리는 특정한 영토와 지역 내로 제한된다. 대한민국 대통령은 대한민국 국민이 선출하고 경기도지사는 경기도민이 선출한다. 전라남도 목포시장은 목포시민이 선출한다. 1반의 반장을 뽑는 선거에 1반 학생들만 참여할 수 있고 민주중학교 학생회장은 민주중학교 학생만 뽑을 수 있는 것과 마찬가지다.

선거에 필요한 지역 기준을 '선거구'라고 한다. 선거구는 선거구획정위원회에서 제출한 안을 국회에서 확정하는데, 인구가 늘어났느냐 줄어들었느냐에 따라 선거 때마다 조금씩 변동이 있다. 다만 지방자치단체의 장은 인구와 상관없이 지역 단위로 선출한다.[2] 서울시 강남구와 강원도 양양군은 인구가 다르지만 지방자치단체장(각각 구청장과 군수)은 1명으로 똑같다.

다음으로, 누구에게 어떻게 투표하는지 살펴보자. 먼저 대통령 선거를 중심으로 살펴보겠다. 선거는 민주주의 국가들의 공통점이지만 선거제도는 나라마다 다르다. 우리나라의 선거제도에서 대통령은 5년에 한 번 전국 단위로 모든 유권자가 투표해 선출한다. 후보자 가운데 가장 많은 표를 얻은 사람이 당선된다. 단 한 표라도 많으면 당선이다.

여러 후보가 표를 나눠 가졌다면 적은 득표로도 당선될 수 있는데 만약 초록당 후보 33%, 보라당 후보 32%, 회색당 25%, 무지개당이 10%를 얻을 경우 초록당 후보가 당선된다. 당연한 이야기 아니냐고? 초록당 후보가 가장 높은 득표율로 당선되긴 했지만 투표한 사람의 67%, 즉 10명 중 7명은 초록당 후보를 지지하지 않았다.

이런 문제를 해소하고자 몇몇 나라에서는 '결선투표제'를 택하고 있다. 만약 선거에서 50%, 곧 절반 이상을 득표한 후보가 없다면 가장 많은 표를 받은 2명의 후보를 두고 다시 한번 투표하도록 하는 제도다. 위의 예시로 말해 보면, 1등과 2등을 한 초록당과 보라당의 두 후보가 결선에 오르게 된다. 초록당이 그대로 당선될 것인가? 아니면 막판 뒤집기로 보라당 후보가 당선될 것인가? 만약 회색당 후보에게 투표했던 사람들이 모두 보라당을 지지한다면 보라당 후보가 57%를 얻어 대통령에 당선될 수 있다. 흥미진진하다.

이렇게도 생각해 보자. 내가 무지개당을 지지한다면 투표할 때 갈등이 생길 수 있다. 무지개당 후보가 당선되면 좋겠지만 지지율이 10%밖에 되지 않으니 당선될 가능성이 매우 낮다. 적어도 초록당 후보만은 당선되지 않았으면 좋겠다. 초록당과의 경쟁에서 이길 수 있는 후보는 보라당인데 지지율이 아슬아슬하다. 33%와 32%면 겨우 1% 차이 아닌가. 나는 물론이고, 주위 사람들을 설득해 표를 몰아주면 보라당 후보가 이길 수도 있다. 당선 가능성이 없는 무지개당보다 보라당에 투표하는 게 낫다는 생각이 든다. 보라당이 썩 마음에 들지는 않지만 초록당의 당선을 막기 위해 어쩔 수 없이 보라당을 선택하는 것이다.

이처럼 당선 가능성이 높은 후보에게 투표하는 마음을 일컬어 '사표(死票) 방지 심리'라고 한다. 내 표가 의미 없는 표가 되지 않길 바라는 마음을 표현한 말이다. 결선투표제는 이런 고민을 줄여 준다. 한 번 더 투표할 수 있기에, 첫 번째 투표에서는 소신껏 투표할 수 있다. 현재 우리나라는 결선투표제를 도입하고 있지 않다. 대통령 선거에 결선투표제를 도입하자는 주장이 한편에서 제기되고 있다.

시민의 의사를 더 잘 반영하기 위해 고안된 비례대표제

국회의원 선거는 1명만 뽑는 대통령 선거보다 조금 더 복잡하다. 투표소에서 받는 투표용지도 다르다. 대통령 선거 때는 투표용지가 한 장이지만 국회의원 선거 때는 색깔이 다른 두 장의 투표용지를 받는다. 한 장은 후보들의 이름이 적혀 있고, 다른 한 장에는 정당의 이름이 적혀 있다. 지역구 국회의원과 비례대표 국회의원을 각각 뽑기 때문이다. 우리나라 국회의원은 모두 300명인데 이 가운데 254명은 지역구 의원이고, 46명은 비례대표 의원이다(제22대 국회 기준).

지역구 의원은 말 그대로 해당 지역을 대표하는 국회의원이다. 선거철이 되면 여기저기에 나붙은 선거 벽보를 볼 수 있다. 거기 얼굴이 나오는 사람들이 바로 지역구 국회의원 후보로 출마한 사람들이다. 정당이 있는 경우는 정당의 추천을 받아 나온다. 이를 '공천'이라고 한다. 소속 정당이 없으면 무소속으로 출마한다.

우리나라는 1개 선거구에서 1명을 선출하는 소선거구제를 택하고 있다. 가장 많은 득표를 한 사람만 당선되기 때문에 지지율이 높은 정당 소속일수록 유리하다. 이와 달리 1개의 선거구에서 2~4명을 선출하면 중선거구제, 5명 이상을 선출하면 대선거구제라고 한다. 이 경우 2등, 3등도 당선될 수 있어 다양한 정당의 국회 진출이 가능하다는 장점이 있다. 반면 여러 정당이 난립할 수 있다는 게 단점으로 지적된다.

국회의원 선거에서 선거구는 행정구와 비슷하지만 똑같지는 않다. 인구가 많은 서울시 강남구는 갑, 을, 병 3개의 선거구가 있고, 인구가 적은 강원도는 '속초시, 고성군, 양양군'이 하나의 선거구가 된다. 이처럼 선거구는 지역과 인구, 교통, 생활권 등을 기준으로 나누는데, 인구에 따른 차이가 최대 2대 1을 넘어서는 안 된다. 예를 들어, 선거구를 이루는 하한선이 10만 명이라면 상한선은 20만 명이 된다. 행정구의 인구수가 10만~20만 명이라면 똑같이 국회의원 1명을 선출한다. 20만 명이 넘는 곳은 선거구를 늘려야 하고, 10만 명이 안 되는 곳은 다른 지역과 합쳐야 한다.

비례대표 투표는 정당에 투표하는 것으로, 유권자는 이때 지지하는 정당을 선택할 뿐이다. 비례대표 국회의원 후보는 각 정당에서 정하고 득표율에 따라 당선인이 확정된다. 단, 여성의 정치 진출을 보장하기 위해 전체 후보자의 절반은 반드시 여성으로 배정해야 한다. 이때 1번, 3번, 5번 등 홀수 번호를 여성에게 배당해야 하는데, 짝수 번호를 받을 때보다 많은 인원이 당선될 수 있기 때문이다. 비례대표 후보 중 몇 번까지 당선될지는 득표율에 따라 달라지는데, 만약 1번까지 당선이라면 여성 1명, 3명이 당선된다면 여성 2명, 남성 1명이 국회의원이 되는 것이다.

지역구 당선자는 개표 후 곧바로 알 수 있지만 비례대표는 당선자를 결정하는 방식이 다소 복잡하다. 제21대 국회의원 선거부터 '준연동형 비례대표제'로 바뀌었기 때문이다. 그 전에는 비례대표에서 얻은 정당 득표율만으로 의석을 배분했는데, 이제는 각 정당의 득표율에 지역구 국회의원 의석수를 반영하여 계산한다.[3]

내 표가 어디로 갈지 궁금한가? 그렇다면 복잡한 계산에 도전해 보자. 어려워 보이지만 모든 계산식이 그렇듯 '곱하기·빼기·나누기·더하기'만 할 수 있으면 된다. 만약 숫자에 자신없는 독자라면 이 부분은 건너뛰고 읽어도 좋다. 그럼 시작해 보자.

예를 들어 회색당의 정당 득표율이 10%이고, 지역구 당선자가 20명이라고 했을 때, 회색당의 의석수는 몇 석일까? 먼저 국회의원 전체 의석수 300명의 10%(회색당의 정당 득표율)인 30석에서 지역구 당선자 수 20을 뺀다. 나머지 10석의 절반인 5석이 연동 배분 의석수가 된다. 따라서 회색당은 비례대표 후보 5번까지 국회에 진출하고, 총 25석을 얻는다.

한 번 더 계산해 보자. 무지개당의 정당 득표율이 20%이고, 지

내 손으로 만드는 내 삶을 위한 정치

역구 당선자가 10명이라면 300명의 20%인 60석에서 10석을 제외한 50석의 절반인 25석이 무지개당의 연동 배분 의석수가 된다. 결과적으로 무지개당은 35석이 된다. 지역구 10석에 비례대표는 25석을 배분받기 때문이다. 만약 초록당이 지역구에서 40석을 얻고, 정당 득표율이 10%라면 연동 배분 의석수는 0이 된다. 300명의 10%는 30석인데 이미 지역구에서 40석이 되었기에 더는 배분받을 의석수가 없기 때문이다.

회색당 비례대표 의석수: (300석 × 10% − 20석) ÷ 2 = 5석
회색당 총 의석수: 지역구 20명 + 비례대표 5석 = 25석

무지개당 비례대표 의석수: (300석 × 20% − 10석) ÷ 2 = 25석
무지개당 총 의석수: 지역구 10석 + 비례대표 25석 = 35석

초록당 비례대표 의석수: (300석 × 10% − 40석) ÷ 2 = 0석
초록당 총 의석수: 지역구 40석 + 비례대표 0석 = 40석

비례대표 국회의원은 이런 계산을 거쳐 정당별로 배분된다. 그런데 비례대표 의석수는 46석으로 제한되어 있다. 계산 결과 각 정당들의 비례대표 의석수의 합계가 46석이 넘는다면 배분 비율

에 따라 다시 조정한다. 초과 의석은 인정하지 않기 때문이다. 반대로 다 더했는데 46석에 미달하여 의석이 남는다면 정당 득표율에 따라 의석을 추가로 배분한다. 이를 '잔여 배분 의석'이라 한다.[4] 이처럼 복잡한 계산 방식을 택한 것은 정당 지지율만큼 공평하게 의석을 배분하기 위함이다. 시민들이 선호 정당에 투표했으니 그에 따라 의석이 배분되어야 하는데 이전 제도는 그 점에서 미비했던 것이다.

준연동형 비례대표제는 취지대로 운영됐을까? 제도 도입 직후인 제21대와 2024년 치러진 제22대 선거에서 더불어민주당과 국민의힘, 거대 양당은 비례대표 후보를 내지 않았다. 대신 지역구 후보 없이 비례대표만 출마하는 별도의 정당을 만들었다. 지구를 도는 인공위성처럼 양당과 연동된 정당이라는 의미에서 '비례위성정당'이라고 불렸다. 더 많은 의석을 확보하려는 것이었는데 제도 개혁 취지를 훼손했다는 점에서 큰 논란이 되었다.

 선거와 선거운동

다시 투표소로 돌아가자. 드디어 나의 소중한 표를 행사할 시간이다. 아까 두 장의 투표용지를 받았다. 이제 칸막이가 쳐 있는 기표소로 들어간다. 기표소 안에 있는 전용 도장으로 투표용지의 칸 안에 딱 한 번만 찍어야 한다. 마음에 드는 사람이 둘이라고 두 칸에 찍거나, 잘못 찍었다고 다시 찍으면 무효표가 된다. 투표용지에 낙서를 하거나 용지를 찢어도 안 된다. 투표한 다음 인증 사진을 많이들 찍는데, 기표소 안에서는 셀카를 찍으면 안 된다. 기표소에서 사진으로 남기면 안 되는 건 내 얼굴만이 아니다. 투표용지도 사진을 찍어선 안 된다. 인증 사진은 투표소 밖에서만 가능하다.

투표는 오전 6시부터 오후 6시까지 정해진 장소에서 정해진 날짜에 진행한다. 선거일은 법으로 정한 공휴일이다. 일하러 가느라 투표하지 못하는 상황을 방지하기 위해서다. 만약 사정이 있어 제날짜에 투표를 못 할 것 같으면 사전 투표를 하면 된다. 사전 투표는 정해진 날짜에 이틀 동안 할 수 있는데, 이때에는 제주 사람이 서울에서 투표하는 것도 가능하다. 이처럼 자기 선거구가 아닌 곳에서 투표하는 사람을 '관외 선거인'이라 한다. 관외 투표의 경우 투표용지를 바로 투표함에 넣는 것이 아니라 봉투에 넣은 다음 투표함에 넣어야 한다. 우편으로 해당 선거구로 보내 개표하기 때문이다.

해외에 있어도 투표할 수 있다. 대한민국 국민이면서 해외에 거주하는 '재외 선거인'과 여행이나 출장, 학업 등으로 해외에 머

물고 있는 '국외 부재자'는 영사관이나 대사관에서 투표 참여가 가능하다. 투표용지가 개표 전에 도착해야 하므로 해외 투표는 통상 2주 전에 실시한다.

재·보궐선거는 재선거와 보궐선거를 합친 말로 정식 선거기간이 아닌 때에 다시 치르는 선거다. 재선거는 후보자가 없거나 당선된 사람이 없는 경우, 당선된 사람이 〈공직선거법〉을 위반해 선거가 무효가 되었을 경우 치러진다. 보궐선거는 당선인이 사망하거나 사퇴해 궐원(闕員, 인원이 빔) 또는 궐위(闕位, 자리가 빔)가 발생한 경우, 말 그대로 빈자리를 채우기 위해 하는 선거다. 2021년 4월에 치러진 서울시장, 부산시장 선거가 이 경우에 해당한다. 재·보궐선거는 전국적으로 치러지는 선거와 달리 특정 지역에서만 진행되므로 선거일이 임시 공휴일로 지정되지 않는다. 투표에 대한 시민들의 관심도 덜하다. 선거 비용도 추가로 발생하는데, 이 비용은 세금으로 충당된다. 안 하면 안 할수록 좋은 선거다.

어떤 선거든 간에 투표에 앞서 이루어지는 중요한 과정이 있다. 바로 선거운동이다. 선거운동이라 하면 후보자가 거리에서 유세를 하거나 지하철역에서 명함을 나눠 주는 모습, 선거운동원들이 선거 로고송에 맞춰 흥겨운 율동을 하는 광경이 떠오를 것이다. 정당과 후보자들은 자신들을 알리고 정책을 설명하기 위해 공보물을 발송하고, 현수막과 선거 벽보를 게시한다. TV 토론에 참여하고, 연설과 대담을 진행하고, 유세차도 운행한다. 이처럼 정당이나 후보자가 당선을 목적으로 유권자들에게 지지를 호소하는 활동이 선거운동이다.

이게 전부일까? 사실 선거운동의 범위는 이보다 훨씬 넓다. 후보자나 후보자의 가족, 선거운동원 등 후보자와 직접적 관련이 없는 사람이라도 누구나 선거운동을 할 수 있다. 또, 내가 응원하는 정당과 후보자의 당선뿐 아니라 지지하지 않는 정당과 후보자가 당선되지 않도록 하는 활동까지도 포함한다. 선거운동은 당선과 낙선을 목적으로 하는 적극적 정치 활동이다.

선거운동을 할 때 지켜야 하는 규칙이 있다. 일단 선거권이 없는 사람은 선거운동을 할 수 없다. 공무원과 교사도 현행법에서 금지하고 있다. 또 선거운동은 정해진 기간에만 할 수 있다. 정해진 기간 전에 선거운동을 하면 사전 선거운동이 되어 제재를 받는다. 단, 온라인에서는 기간에 제약을 받지 않고 좀 더 자유롭게 선거운동을 할 수 있다. 그러나 어떤 경우에도 근거 없는 비방과 거짓말을 해서는 안 된다. 악성 댓글을 반복적으로 달거나 혐오, 모욕이 담긴 주장을 하는 것도 처벌받을 수 있다. 정치적 발언은 자유로워야 하지만 책임이 따른다는 사실도 기억해야 한다.

선거운동의 기간과 방법은 나라마다 차이가 있다. 규제가 없는 나라가 있는가 하면 허용 범위가 엄격한 나라도 있다. 의원내각제를 채택하고 있는 영국은 의회 해산일로부터 17일 이내에 선거가 이루어지며, 이 기간이 공식 선거운동 기간에 해당한다. 사전 선거운동은 별 제한이 없으며 선거운동 방식도 자유롭다. 신문, 잡지 등도 특정 정당에 대한 지지를 자유롭게 표명할 수 있다.

미국은 선거운동 기간과 방법에 대한 규제 자체가 없다. 미국 영화나 드라마를 보면 선거운동원들이 집집이 방문하여 지지를 호소하는 장면이 가끔 나온다. 자동차에 스티커를 부착하거나 마당에 지지하는 정당의 팻말을 세워 놓은 집도 종종 있다. 이처럼 미국에서는 상시로 선거운동이 가능하다.

독일도 선거운동 기간에 대한 법적 규정이 없으며 형식이나 범위도 자유롭다. 실제로는 정당 사이에 협정을 맺어 자율적으로 규제하는데, 일반적으로 선거일 약 3개월 전에 선거사무소를 개설하고 선거 체제에 들어간다. 스웨덴, 노르웨이, 핀란드, 호주, 뉴질랜드 등도 따로 정해진 선거운동 기간이 없다. 정당은 언제든 지지를 호소할 수 있다. 이 나라들은 선거운동 방식에 대해서도 대부분 특별한 규제가 없다. 정당이 알아서 할 일이라는 게 공통된 인식이다.

일본은 우리나라처럼 기간이 정해져 있는데, 참의원 선거는 17일간, 중의원 선거는 12일간이다. 프랑스도 특정 기간이 있다. 대선은 12일간, 총선은 20일간 진행된다. 일본과 프랑스는 앞서 언

급한 나라들과 달리 선거법에서 정한 형식에 따라 선거운동을 해야 한다.[5]

우리나라는 선거운동에 제약이 많은 편이다. 기본적으로 다른 집을 방문하는 선거운동은 할 수 없다. 학생이라면 점심시간에 다른 반을 돌아다니며 선거운동을 할 수 없다. 정당 홍보물을 나눠 주거나 정당 배지 등 특정한 상징물을 달고 다녀도 안 된다. 쉬는 시간에 교실 앞 교탁에 서서 정당 지지를 호소하거나 핸드폰으로 정당 로고송을 틀어 놓고 투표를 권유해도 안 된다.[6]

뭐 이렇게 안 되는 게 많을까? 그렇다. 우리나라의 선거운동은 좀 더 자유로워질 필요가 있다. 정치를 바라보는 시선이 달라져야 한다. 정치는 우리들의 문제를 해결하는 기능을 하며 선거는 문제를 가장 잘 해결할 만한 정당과 정치인을 선출하는 절차다. 이를 위해 충분한 정보가 제공되어야 하는 것은 물론이고, 개인이 정치적 의사를 표현할 자유 또한 보장되어야 한다. 공식 선거운동이라는 틀 속에 가둬 놓을 일이 아니다. 해도 되는 것과 안 되는 것을 엄격하게 정해 놓고 처벌하는 현재의 방식이 적절한지 생각해 볼 일이다.

선거일의 투표 인증보다 중요한 일

그렇다면 투표 이후에는 무엇을 해야 할까? 유권자로서 선거일에 한 표를 행사하는 것은 중요한 일이다. 선거에 참여한다는 것은 주권자로서 권한을 행사하는 것이기 때문이다. 그런데 선거일은 단 하루다. 진짜 중요한 것은 선거 이후의 하루하루다. 선거와 선거 사이의 일상에서 정치 참여 기회가 훨씬 많아야 한다.

매일 운동을 하면 나도 모르는 사이에 근육이 길러진다. 민주주의도 마찬가지다. 내 의견을 효과적으로 전달하는 법이나 나와 생각이 다른 사람의 의견을 존중하는 태도는 일상에서 꾸준히 훈련해야 한다. 이견을 인정하되 차이를 좁히고, 토론을 통해 타협하는 방법도 배워야 한다. 사람들이 일상에서 정치적으로 사고하고, 정치적으로 문제를 해결하려 노력한다면 더 튼튼한 민주주의가 가능할 것이다. 이 과정에서 사회문제를 바라보는 시야도 넓어진다.

더 좋은 정치를 만드는 것은 결국 시민들의 참여다. 정치 참여의 방법은 여러 가지다. 1인 시위와 같은 직접행동을 할 수도 있고, 관심 있는 시민 단체의 활동에 참여할 수도 있다. 이러한 개인의 참여 의지를 어떻게 집단으로 조직화하느냐가 정치의 핵심이다. 선거에서는 한 사람에게 한 표가 주어지지만, 일상에서 자원

배분은 그리 공평하지 않기 때문이다. 사회 참여 역시 권력을 가진 사람, 학력이 높은 사람, 소득과 재산이 많은 사람을 중심으로 이뤄질 가능성이 있다. 이 불균형을 해결하기 위해서는 당사자들이 자신의 세력을 조직화할 권리가 충분히 보장되어야 한다. 노동자는 노동조합을 통해 자신의 이익을 보호할 수 있어야 한다. 자영업자들도 단체를 만들어 자신들의 요구를 말할 수 있어야 하고, 세입자도 협회를 만들어 부당한 부동산 정책에 항의할 수 있어야 한다. 단체와 조합, 협회를 만들기 어려운 사회는 정치도 좋아지기 어렵다.

정치에 참여하는 방법 중 으뜸은 정당 활동을 하는 것이다. 정당 활동을 하면 정치의 작동 원리를 직접 경험해 볼 수 있다. 정치는 실천의 영역이다. 해 보지 않으면 알기 어렵다. 예측할 수 없다는 점에서 우리의 인생과도 닮았다. 과거로부터 교훈을 얻을 수는 있지만, 과거가 그대로 반복되지는 않는다. 실제 상황에서 그때그때 최선의 결과를 만들어야 한다. 정당의 가장 큰 효능은 보통의 시민들이 현명한 판단을 할 수 있도록 최적화된 정보를 제공한다는 점이다. 무엇보다 정당은 참여 기회를 동등하게 제공한다. 소수가 다수가 되는 지름길이기도 하다.

정치가 안정적인 유럽의 많은 나라에서는 정당들이 청소년 조직을 따로 두고 있다. 그중 청소년 정치 교육을 중요하게 생각하는 나라로 손꼽히는 독일은 정당의 청소년 조직이 활발하기로 유명하다. 독일 기독교민주연합(CDU)과 기독교사회연합(CSU)의 청년 조직인 독일청년연합(JU)은 회원이 약 10만 명에 이른다. 14세에서 35세까지 참여할 수 있고, 지역별 조직이 구성되어 있어 자기가 사는 곳 어디서든 쉽게 정치 활동을 할 수 있다.

JU의 활동 방침은 '필요한 곳에 참여한다'이다. '스포츠 시설에 긴급 보수가 필요하다고? 그럼 청소년 조직이 나서야지.' '청소년과 연관된 문제는 우리에게 맡겨.' 이들은 최선의 해결책을 찾기 위해 논쟁하고 행동한다. 정치적 활동 외에도 영화의 밤, 파티, 거리 축제도 활동의 일부로 여긴다. JU는 정치기구일 뿐 아니라 새로운 사람과 우정을 나누고, 여가 활동을 함께하는 강력한 커뮤니티이기도 하다.[7]

독일 사회민주당(SPD)도 마찬가지로 청소년 조직 유조스(Jusos)가 있다. 전국 350개 이상 그룹으로 구성되며, 약 7만여 명의 청년(14~35세)이 활동하고 있다. 유조스는 공정한 교육 정책을 논의하고, 학생과 연수생의 이익을 대변한다고 스스로를 소개한다. 또 주거, 노동, 기후 위기 등 다양한 의제를 다룬다.

'주거'는 집을 나와 독립하는 청년이 최초로 맞닥뜨리게 되는 문제다. 다른 도시에서 공부하거나 일하게 되면 집을 구해야 한다. 드디어 집을 나선다는 기쁨도 잠시, 높은 임대료의 벽에 부딪

힌다. 유조스는 '주거는 인권'이라며 저렴한 주택을 더 많이 공급하고, 주택의 임대료를 동결할 것을 주장하며 캠페인을 벌인다. 이들은 기후 위기 대응에도 적극적으로 목소리를 내고 있으며, 무엇보다 '좋은 노동 조건'이 자신들의 핵심 관심사라고 말한다. 모든 사람이 노동을 통해 잘 살기를 바란다며 노동시장의 불안정과 저임금 문제를 해결하자고 한다. 청소년의 삶은 그 사회의 상황과 무관할 수 없다. 청소년 조직이 사회경제적 사안을 다루는 것은 그런 점에서 당연하다.[8]

이들에게 정치 활동과 일상은 따로 떨어져 있지 않고 자연스럽게 연결되어 있다. 손을 내밀면 잡히는 가까운 곳에 있다. 정당의 청소년 조직이 가장 재미있는 곳이고 내 문제를 해결해 주는 곳이며 우리를 연결해 주는 곳이라면 정치도 날마다 파티가 될 수 있지 않을까. 마침 정당을 뜻하는 영어 단어도 파티(party)다.

유권자로서 내가 가진 표는 선거일에만 존재하는 것이 아니다. 일상에서 이뤄지는 정치 활동이 내 표의 가치를 높여 준다. 지지하는 정당을 갖고, 그 정당에 당원으로 가입해 활동하고, 정치를 통해 나와 우리의 문제를 해결해 가는 것, 생각해 보면 참으로 가슴 두근거리는 일이다. 만 16세가 되는 날, 나에게 주는 생일 선물로 당원 가입을 해 보는 것은 어떨까? 정당이 대체 뭔데 그러냐고? 이제 알아보자.

2 〰〰〰 정당은 왜 존재할까?

 정당은 언제 처음 생겨났을까?

정당은 왕위 계승을 둘러싸고 벌인 논쟁에서 서로를 손가락질한 데서 출발했다. 17세기 영국에서 등장한 토리당(Tory)과 휘그당(Whig)이 정당의 기원이라고 알려져 있다. 토리와 휘그는 서로를 비웃는 말이었다. "이봐, 왜 왕을 인정하지 않지? 당신들은 반란자(휘그)야.""성공회의 나라에서 가톨릭교도가 왕이 되다니 있을 수 없는 일이지. 당신들은 무법자(토리)야." 토리당이 온건한 보수주의라면 휘그당은 급진적 개혁주의였다. 휘그당은 나중에 의회 민주주의의 시발점이라 일컬어지는 명예혁명을 주도한다. '왕과 귀족, 종교가 차지했던 권력의 빈자리를 누가 채울 것인가?'라는 질문은 '누가 나의 권력을 위임받을 정당한 주체인가?'로 이어진다. 오랜 논쟁의 산물이 바로 정당이다.

정당이란 정치적 의견을 같이하는 사람들이 자발적으로 만든 단체다. 자유롭게 모여 민주적으로 운영한다.[9] 휘그당의 지도자 에드먼드 버크는 정당을 "여러 사람이 모두 동의하는 원칙에 기초해 공동의 노력으로 국민적 이익에 헌신하려는 사람들의 집단"이라고 정의했다.[10] 보편적 원리에 따라 사회 전체의 이익에 기여하는 집단이 정당이라는 것이다. 의견이 같은 사람들이 모여 자발적으로 만들었다 해도 'UFO를 믿는 사람들'이나 '지구가 평평하다고 생각하는 사람들'이 정당이 되기 어려운 이유다.

정당에 대한 또 다른 정의는 '선거에 후보자를 내고, 선거를 통해 후보자를 공직에 앉힐 수 있는 정치집단'이다. 정치학자 조반니 사르토리가 한 말인데, 그는 선거 참여와 공직 획득을 정당의 목적이라고 보았다. 모든 정당은 선거에서 이기기를 원한다. 더 많은 의석을 차지하고, 더 많은 공직에 나서서 정책을 주도하고 또 변화를 만들어 내고 싶기 때문이다. 정당의 목적은 궁극적으로 정부를 운영하는 것이다. 정당이 중심이 되는 정부를 '정당 정부' 또는 '책임 정부'라고 하는데, 선거를 통해 다수 국민의 지지를 받은 정당이 정부를 책임지고 운영한다는 의미다. 선거는 정부를 운영할 정당을 선택하는 일이자, 정당의 입장에서는 시민의 선택을 받는 과정이다.

정당은 민주주의의 엔진!

우리나라 〈정당법〉에 정당이 무엇인지 잘 정리되어 있다. 정당은 "①국민의 이익을 위하여 ②책임 있는 정치적 주장이나 정책을 추진하고 ③공직 선거의 후보자를 추천 또는 지지함으로써 ④국민의 정치적 의사 형성에 참여함을 목적으로 하는 ⑤국민의 자발적 조직"이다.

그런데 정치에 정당이 꼭 필요할까? 우리는 종종 뉴스에서 국회의원들의 다툼을 목격한다. 소속 정당이 다른 국회의원들이 서로 언성 높여 화 내는 모습을 보면 정당이 없는 게 더 낫지 않을까 싶은 생각도 들곤 한다. 뉴스에 나오는 정치 관련 보도는 주로 국회 안에서 벌어지는 싸움이다. 법을 위반하거나 말과 행동이 다른 정치인에 대한 비판적 보도도 자주 나온다. 상황이 이렇다 보니 정치나 정당에 대해 부정적 이미지가 생겨나는 것도 어쩔 수 없다. 하지만 겉모습만 보고 실망할 일은 아니다.

국회의원들 사이에 일어나는 공방은 친구들끼리의 싸움과는 다르다. 상대방이 밉고 마음에 안 들어서 생기는 감정적 대립이라기보다는 정당 간의 의견 차이 때문에 발생하는 경우가 많다. 정치에서 갈등은 굉장히 중요하다. '갈등' 자체가 긍정적 의미를 갖는 단어는 아니지만 인간은 다른 사람과 함께 살아가는 존재다. 함께 살아가므로 갈등 또한 생길 수밖에 없다. 사람마다 관심사와 시선, 의견이 다르기 때문이다. 이 골칫덩어리 '갈등'을 다루는 것이 정치다.

정치는 나와 의견이 다른 사람이 있음을 전제한다. 사실 모든 사람의 의견이 똑같다면 그거야말로 문제다. 온 세상 건물이 보라색이 될 수도 있고, 아이스크림은 바닐라맛 단 한 종류만 있을 수도 있다. 초콜릿 아이스크림이 없는 세상에서 살아야 하다니, 생각만 해도 우울하다. 민트초코맛은 바랄 수도 없을 것 아닌가! 의견이 하나뿐인 세상에서는 선택의 자유도 없다.

민트초코맛 아이스크림을 먹기 위해서라면 힘겨운 논쟁도 감내하겠다는 사람이 있는가 하면, 치약 향이 나는 아이스크림을 왜 먹는지 이해하지 못하는 사람도 있을 수 있다. 둘 사이의 갈등을 완전히 없앨 수는 없겠지만 줄일 수는 있다. 두 사람 모두 원하는 맛의 아이스크림을 먹을 수 있도록 해야 한다. 그러므로 우리가 찾아야 할 것은 '갈등을 없애는 방법'이 아니라 '갈등을 관리하는 방법'이다.

그런데 어떤 갈등은 너와 나 사이의 문제로 그치지 않는다. 예컨대 아동 학대는 피해 아동과 가해자 두 사람의 갈등으로만 취급할 수 없다. 아동은 스스로를 보호하기 어렵고 주변의 도움을 구하기도 쉽지 않다. 특히 부모 등 양육자가 폭력을 행사하는 경우에 피해 아동은 거기서 벗어나기 어려워 폭력이 오랜 기간 은폐될 수 있다.

이럴 때는 사회적 개입이 필요하다. 아동 학대를 빨리 발견할 수 있는 체계를 갖추고, 같은 사건이 다시 발생하지 않도록 조치해야 한다. 무엇보다 중요한 건 예방이다. 아동이 한 사회의 구성원이자 동등한 인간으로서 안전하게 살아갈 수 있도록 법과 제도를 마련해야 한다. 사적 갈등을 공적 영역에서 해결해 가는 것이 정치의 역할이자 정당의 기능이다.

정당이 하는 일은 다수의 의견을 모아 해결 방법을 찾는 것이다. 그런데 앞서도 말했듯이 사람들의 의견은 제각기 다르다. 의견을 모았다 해도 그게 꼭 합리적이지도 않다. 반면 다른 의견을 가진 사람들을 설득하려면 합리적이지 않으면 안 된다. 이는 마치 네모와 동그라미를 일치시키는 일과 같다. 불가능해 보이는 임무를 정당이 맡고 있는 셈이다. 정당은 나와 의견이 같은 사람이 모인 곳이자, 나와 의견이 다른 사람과 대화하고 타협할 수 있는 통로다.

선출된 정치인들은 복잡하고 다양한 갈등 가운데 비교적 더 중요한 갈등을 구분하고, 우선순위를 정하고, 어떻게 조정할지 결정한다. 나를 대신해 사회적 갈등을 줄여 주는 가장 효과적인 갈등관리 체계를 갖추는 것, 그게 바로 대의 민주주의다. 대의 민주주

의는 정당을 통해 돌아간다. 정당은 대의 민주주의의 엔진이라고
할 수 있다.

 ## 한국에는 어떤 정당이 있을까?

2021년 현재 우리나라에서 의석을 가지고 있는 정당은 더불어민
주당, 국민의힘, 정의당, 국민의당, 열린민주당, 기본소득당, 시대
전환 등이다. 그럼 우리나라에는 정당이 모두 7개인 걸까? 중앙
선거관리위원회의 정당 등록 현황을 보면, 등록된 정당은 49개
다. 그럼 49개일까? 창당을 준비하고 있는 정당이 4개 더 있다.[11]
우리나라에 정당이 이렇게 많다고? 숫자는 많지만 이들 모두가
유효한 정당이라 할 수는 없다. 정치적 활동을 하는 당원들이 있
어야 제대로 된 정당이다.

의석이 있는 정당을 중심으로 살펴보자면, 제21대 국회는 7개
정당이 국회의원을 배출했다. 그런데 의석 분포를 보면 정당 간
차이가 크다. 제21대 국회가 출범할 때 더불어민주당이 174석
(58%), 국민의힘이 102석(34%)으로 두 정당이 의석의 92%를 차지
했다. 그 밖에는 정의당 6석, 국민의당 3석, 열린민주당 3석, 기본
소득당과 시대전환 각 1석, 무소속 10석으로 모두 더해도 8%에

불과하다. 원내 진출 정당은 가장 처음 꾸려진 국회였던 제헌국회와 제2대 국회를 제외하면 적게는 3개, 많아도 8개를 넘지 않았다. 보통 4~6개이며 그중 제1당과 제2당이 절반 이상, 많게는 90%가 넘는 의석을 갖는 등 우리나라 정치는 실제로 두 정당이 주도해 왔다고 볼 수 있다.[12] 시민들의 요구가 다양해진 만큼 이제는 정당도 다원화될 필요가 있다.

그런가 하면 정당의 이름도 자주 바뀐다. 우리가 우리나라 정당들의 이름을 잘 기억하지 못한다면 그건 우리 탓이 아니다. 민주화가 이루어진 1987년 이후만 따져 봐도 더불어민주당의 이름은 신한민주당에서 시작해 총 열두 번 바뀌었다. 국민의힘이라는

제21대 국회 정당별 의석 분포

정당명	의석수	비율(%)
더불어민주당	174	58
국민의힘	102	34
정의당	6	2
국민의당	3	1
열린민주당	3	1
기본소득당	1	0.33
시대전환	1	0.33
무소속	10	3.33
합계	300	100

출처: 국회 홈페이지(의석수는 2020. 5. 30 기준)

이름도 민주정의당, 한나라당, 새누리당을 포함해 여섯 번 바뀐 이름이다.[13] 어른들과 이야기할 때 정당의 옛 이름이 종종 나오는 것은 이런 이유다.

친구의 이름이 계속 바뀐다면 어떨까? 물론 이름이 바뀌어도 사람이 변하는 건 아니니까 한번 친구는 계속 친구겠지만, 헷갈리는 것은 어쩔 수 없다. 옛날 이름을 부르는 실수를 할 수도 있고, 핸드폰에 저장한 이름도 계속 바꿔 줘야 한다. 유권자 입장에서 선거 때마다 정당 명이 바뀌는 것은 아무래도 혼란스럽다. 뉴스를 봐도 어느 정치인이 어느 정당 소속인지 잘 모르겠다. 심지어 당명이 비슷한 곳도 있어 잘못 찍지 않도록 투표소에 가기 전에 한 번 더 확인해야 한다. 한마디로 당명 변경은 유권자를 피곤하게 하는 일이다. 정당은 이름 변경에 신중할 필요가 있다.

정당의 이름 대신 여당과 야당이라 부르기도 한다. 여당의 여(與)는 '한 무리'를 뜻하는 한자로 정부와 같은 편이라는 의미다. 행정부를 이끄는 정당, 즉 대통령이 소속된 정당을 말한다. 여당이 아닌 나머지 정당은 모두 야당이다. 의석이 가장 많은 야당을 다른 야당과 구분하기 위해 제1야당이라고 부른다. '야당'에서 야(野)는 '들판'을 뜻한다. 집 안이 아니라 집 밖에 있는 정당이라는 의미다. 비바람 치는 들판에 있으니 얼마나 집 안으로 들어가고 싶을까. 그래서 정당들은 여당이 되기 위해 힘쓴다. 여당이 되면 할 수 있는 일이 많아져서다.

여당과 야당은 언제든 바뀔 수 있기 때문에 어느 한 정당에 고정된 명칭은 아니다. 어느 쪽이 여당이 될지는 대통령 선거 결과에 따라 달라진다. 오늘의 야당이 내일의 여당이 될 수 있는 체제가 민주주의다. 국회의원 숫자에 따라 여당 국회의원이 많으면 여대야소, 야당 국회의원이 많으면 여소야대라고 한다. 여당의 의석이 적을 때는 다른 정당과 함께 정부를 운영하기로 약속하기도 하는데 이를 연합정부 또는 연립정부라고 한다. 유럽의 여러 나라에서 정부를 좀 더 안정적으로 운영하기 위해 선택하는 방식이다.

민주주의 정치체제라면 야당이 꼭 있다. 야당이 없다면 아무리 좋은 사회도 민주주의라고 보기 어렵다. 야당은 왜 중요할까? 현재 여당의 정책이 마음에 안 들면 다음 선거에서 여당을 다른 정당으로 바꿔야 한다. 바꿀 수 없다면 선거는 의미가 없다. 선거를 해 봐야 계속 같은 정당만 당선될 테고 그럼 투표가 아무런 소용이 없게 되기 때문이다.

또 야당은 다음 선거에서 여당이 되기 위해 최선을 다해 정부 정책을 감시하고 잘못을 지적하려 할 것이다. 더불어 시민에게 자신들이 여당이 된다면 더 잘할 수 있다고 호소할 것이다. 그래서 야당은 반대 세력이기도 하지만 대안 세력이기도 하다. 영어로 야당을 '반대당(the opposition party)'이라 하는데, '경쟁하다' '대응하다'라는 의미가 담겨 있다. 영국에서는 야당을 '왕의 충성스러운 반대당'[114]이라고도 부른다. 품격을 내포한 말이다. 여당 역시 야당을 의식해 긴장하게 된다. 정권이 바뀔 수도 있다고 생각하면 더 신중하게 정책을 펼치고 더 좋은 결과를 내기 위해 노력할 것이다.

한편 정치 지도자의 성을 따서 '친노(노무현)' '친박(박근혜)' '친이(이명박)' '친문(문재인)'이라 부르는 경우가 종종 있다. 이는 정당 내 특정 그룹(계파 또는 파벌)을 지칭한 것이다. 같은 반에 있는 여러 모둠과 비슷하다. 과거에도 대통령 이름을 따라 DJ계(김대중계), YS계(김영삼계) 등의 명칭이 있었다. 조직 자체야 문제라 하기 어렵고 모든 정당이 계파나 파벌을 갖고 있지만, 대통령과의 친밀도에 의존해 정당을 이끄는 것은 바람직하지 않다. 이들은 어디까지나 비공식 조직이기에 공적 책임을 질 수 없고 '팔이 안으로 굽는다'라는 속담처럼 정당의 이익보다 계파의 이익이 앞서기 마련이기 때문이다.

내 손으로 만드는 내 삶을 위한 정치

3 ～～～ 정당이 건강해야 정치가 건강해진다

 정당은 많을수록 좋을까?

앞에서 민주주의를 움직이는 엔진이 정당이라고 했다. 정당 없이 민주주의는 작동하지 않는다고도 했다. 엔진 없는 자동차는 끌거나 밀어서 가야 하니 더는 '자동'차가 아니다. 이토록 중요한 정당에 대해 우리는 얼마나 알고 있을까?

정당에 대해 많이 들어본 적이 없기에 낯선 이야기가 될 수도 있다. 어떤 사람들은 정당이 몇 개인지, 정당들 사이의 관계가 어떤지가 왜 중요하냐고 묻는다. 좋은 정치인이 있으면 그만이지 않느냐고도 한다. 그러나 정치가 좋아지려면 정당들이 사회를 잘 반영해야 하고, 정당들 사이의 협력 관계가 좋아야 한다. 이제 이 이야기를 해 보려 한다.

정당은 몇 개나 있어야 할까? 앞서도 말했지만, 정당이 하나만 있으면 민주주의가 아니다. 반드시 둘 이상 있어야 한다. 서로 다른 입장을 가진 정당들이 모여 논의해야 다양한 생각을 가진 시민들의 의견을 대변할 수 있다. 시민들의 의견은 열 가지인데 정당들이 한두 가지 의견만 인정한다면 그 밖에 다른 의견을 가진 시민들은 소외될 것이다. 정치에서 배제되는 시민이 적을수록 좋은 사회라 할 수 있다.

프랑스의 정치학자 모리스 뒤베르제는 정당이 몇 개인지를 기준으로 일당제, 양당제, 다당제로 나눈다. 정당이 하나만 있으면 일당제, 둘이면 양당제, 그보다 많으면 다당제다.[15] 한편 이탈리아 정치학자 조반니 사르토리는 정당을 그 수효만이 아니라 정당들의 사이가 얼마나 가까운지를 기준으로 다섯 가지로 나눈다.[16]

먼저 일당우위제다. 이는 정당이 하나뿐인 일당제와는 다르다. 여러 정당이 경쟁하지만 어느 한 정당이 계속해서 의석을 많이 가져가는 경우다. 보통 일본을 일당우위제로 본다. 일본의 경우 다른 정당들이 있긴 하지만 자민당이 오래도록 우위를 유지하고 있어 정권 교체가 일어나기 어렵다.(불가능한 것은 아니다.) 이 경우 정당의 숫자보다 정당 내의 권력 분포가 중요하다. 보통은 A 정당과 B 정당 사이에서 해결하는 문제를 같은 정당 안에 있는 A 계파와 B 계파가 대신하기 때문이다. 사회문제도 정당 안에서 논의한다. 따라서 경쟁하는 계파가 정당의 건강성을 유지한다.

양당제에서는 경쟁하는 두 정당이 있다. 세력도 비슷하다. 둘 중 한 정당이 단독으로 정권을 잡을 수 있다. 그러려면 중도적 유권자를 잡아야 한다. 그렇기에 두 정당의 이념적 차이는 크지 않게 된다. 실제로 두 정당은 엎치락뒤치락 정권을 주고받는다. 한 정당이 비교적 오래 정권을 잡을 수도 있지만 다른 정당이 호시탐탐 자리를 노리고 있기에 방심할 수 없다. 경쟁하는 두 정당 사이의 긴장감이 정치를 움직인다. 공화당과 민주당이 경쟁하는 미국이 여기에 속한다. 두 정당이 박빙의 경쟁 중이라 다른 정당이 낄 틈이 없다. 미국에서 사회당이나 녹색당이 많은 표를 얻기 어려운 이유 중 하나다.

정당이 여러 개 있다면 다당제다. 다당제는 좀 복잡하다. 말하자면 식당의 종류가 많은 것이다. 여러 식당이 골목상권 보호를 위해 공동의 노력을 한다면 '온건화된 다당제'이고, 이념적 차이에 따라 나뉘어 서로의 지지자를 뺏기 위해 공격적으로 영업한다면 '양극화된 다당제'다. 반면 칼국수, 토스트, 만두 가게가 각자 알아서 영업하고, 수시로 식당들이 바뀌어 문을 열었다 닫았다 한다면 '원자화된 다당제'라고 할 수 있다.

정당 체계는 자동차 바퀴와 같다. 네 바퀴가 각각 다른 곳으로 가려 한다면 자동차는 앞으로 나아가지 못할 것이다. 네 바퀴의 균형이 맞지 않아도 마찬가지다. 정당들의 관계가 안정적으로 유지되느냐 안 되느냐, 정당들이 사회와 균형을 이루느냐 못 이루느냐가 중요하다. 그런 면에서 두 가지를 주의해서 봐야 한다. 정당의 종류와 정당 사이의 거리다.

정당의 종류를 살핀다는 것은 대표성을 보자는 이야기다. 여러 정당이 사회의 각 부분을 잘 대표하고 있다면 정당이 사회와 균형을 이룬 것이다. 동네에 식당이 열 곳 있지만 모두 한식만 판다면 '한 종류'의 식당만 있는 것이다. 열 곳 중 한식이 다섯 곳, 중식이 다섯 곳이라면 '두 종류'의 식당이 있는 것이다. 우리의 입맛이 다양한 만큼 식당도 여러 종류가 필요하고, 우리는 그 식당들이 다 맛있는 음식을 내놓길 바란다. 이처럼 정당은 다양한 사회적 요구를 폭넓게 대변해야 한다.

정당 사이의 거리를 본다는 것은 양극화된 정도를 살피자는 이야기다. 많든 적든 숫자와 상관없이 정당들은 서로 손잡을 수 있는 거리에 있어야 한다. 상대방을 바라보고 상대방의 이야기를 들어야 한다. 상대를 운동장에서 몰아내려고만 하면 함께 축구를 할 수 없다. 이런 상황에서는 극단적 주장을 하는 세력이 힘을 얻는다. 정당들이 서로 멀어지면 시민들도 양쪽 끝으로 향하고, 적대적 감정이 커진다. 사회는 분열되고 운동장은 곧 전쟁터가 된다. 양극화는 이런 것이다. 상대를 몰아내는 전쟁을 할 것인가, 규칙을 지키는 축구를 할 것인가?

건강한 정치라면 상대의 말이나 태도를 붙잡고 늘어지기보다 사회가 나아지게 만드는 일을 두고 경쟁해야 한다. 상대를 모욕하고 조롱하는 데 열정을 쏟기보다 이견을 좁히는 데 더 많은 노력을 기울여야 한다. 타협할 길이 없어 보이는 상황에서도 최선을 다해 합의점을 찾아야 한다. 정치는 정당들이 운동장을 함께 쓰는 일이기 때문이다.

 나도 정당을 만들 수 있을까?

정당들의 관계에 대해 감이 잡혔다면 정당을 한번 만들어 보자. 먼저 어떤 정당이 필요한지, 어떤 정당을 만들고 싶은지 생각해 보자. 그러고 나서는 나와 생각이 같은 사람을 모아야 하며 다른 생각을 가진 사람은 설득해야 한다.

청소년의 건강을 생각하는 당을 만들어 보면 어떨까. 청소년들의 건강이 날로 악화하고 있어 이를 해결하기 위한 정당을 만들려고 한다. 청소년 건강 주간을 선포하고, 체육 시간을 보장하고, 야외 학습을 의무화하는 것이 우리 당의 방향이다. 또 청소년이 이용할 수 있는 체육 시설을 더 많이 지어 청소년이라면 누구나 무료로 이용하도록 하겠다는 공약을 내놓으려 한다. 필요한 재원은 청소년의 건강에 해로운 패스트푸드와 탄산음료, 초콜릿과 과자에 세금을 부과해 마련하려 한다. 이 세금을 '건강세'라고 부를 것이다. 우선, 정당으로 등록하기 위해서는 명칭이 있어야 한다. 어떤 이름이 좋을까? '튼튼청소년당'과 '건강제일당'을 제안한 사람들도 있었지만 '청소년건강지원당'이 다수의 지지를 받았다.

청소년건강지원당의 중앙당은 〈정당법〉에 따라 서울에 둬야 한다. 또, 각기 다른 5개 시·도에 시·도당을 두어야 하고, 당원은 시도별로 1,000명 이상이어야 한다. 다시 말해 서울 1,000명, 충북 1,000명, 전남 1,000명, 부산 1,000명, 강원 1,000명 등 17개 시·도 중 5개 이상 지역에서 총 5,000명 이상의 당원을 모아야 한다. 특정 지역에만 기반을 두고 활동하는 지역 정당은 설립이 불가능하다. 제주에서만 활동하는 '제주청소년환경당' 같은 정당은 만들 수 없다. 불합리하지만 지금의 정당법은 제약이 많다.

강령과 당헌도 있어야 한다. 강령은 당의 기본 입장과 방향을 표명한 것이다. 현 정당들의 강령 시작 부분만 살펴보자.

· 더불어민주당

"우리는 대한민국임시정부의 자주 독립 정신과 헌법적 법통, 그리고 4·19혁명, 부마민주항쟁, 5·18민주화운동, 6·10민주항쟁, 촛불시민혁명의 위대한 민주주의 정신을 계승한다."

· 국민의힘

"국민의힘은 모두의 내일을 함께 만들어 가는 정당이다. 반만년의 역사와 빛나는 전통을 자랑하는 우리는 3·1독립운동 정신과 대한민국임시정부의 정통성을 이어받고, 공산주의 침략에 맞서 자유민주주의를 지켜 낸 국난 극복의 자랑스러운 역사를 가지고 있다."

· 정의당

"정의당은 진보 정치의 미래를 여는 혁신적 진보 정당이다. 식민과 분단, 억압과 착취에 맞서 온 진보 정치의 자랑스러운 전통을 계승하는 한편, 현실에 맞지 않는 오류와 한계는 극복할 것이다."

의석을 가진 정당은 아니지만, 녹색당 강령의 첫 문장은 "우리는 '녹색당'이라는 작은 씨앗입니다. 이 씨앗을 싹틔워 인류가 지구별의 뭇 생명들과 춤추고 노래하는 초록빛 세상을 만들려고 합니다"이다. 정당마다 계승하고자 하는 역사와, 나아가고자 하는 방향을 드러내고 있다. 어느 정당의 강령이 마음에 드는가?

청소년건강지원당의 강령은 어떻게 시작하는 게 좋을까? "청소년건강지원당은 청소년의 힘으로 청소년의 건강을 지키기 위해 청소년이 만든 정당이다." 너무 딱딱한가? 그렇다면 이건 어떨까? "청소년건강지원당은 청소년의 튼튼한 체력과 강인한 정신력, 낙천적 인성을 위하여 하루 8시간 수면 보장을 주장하는 정당이다." 각자 만들고 싶은 정당을 떠올려 보고 강령도 만들어 보자. '인터넷 게임 자유화를 위한 정당' '여성 청소년의 권익 증진을 위한 정당' '기후위기대응실천당'은 어떨까? 친구들과 이야기를 나누다 보면 내 생각과 비슷한 친구들을 만날 수 있을 것이다. 그럼 같이 정당을 만들자고 의기투합할 수도 있다.

강령을 만들었다면 당헌도 만들어야 한다. 당헌은 당의 기본 방침이다. 국가에 헌법이 있다면 정당에는 당헌이 있다. 당원, 대의 기구, 집행 기구, 선거 관리, 재정, 지방 조직, 정책 연구소 등에 관한 규정을 명시해야 한다. 당원의 권리와 의무, 당비 납부, 대표 선출 절차 등도 정해야 한다. 대통령이나 국회의원 출마자 등 공직 후보를 어떻게 선출할지 정하는 것도 중요하다.

벨기에 사회당은 공직 후보 경선에 출마하려면 5년 이상 당원 가입 경력이 있어야 하고, 사회주의 조합에서 물품을 구매한 이력이 있어야 하며 당에서 발행하는 기관지를 정기 구독하고, 자녀는 공립학교에 다녀야 한다는 조건이 있다.[17] 청소년건강지원당 공직 후보의 조건으로는 어떤 게 있을까? 밤 10시 전 잠자리에 드는 사람, 하루 세끼를 잘 챙겨 먹는 사람, 다른 사람들의 건강에 관심이 많은 사람이면 어떨까?

만약 청소년건강지원당은 청소년만 가입할 수 있다고 당원 가

입 자격을 제한한다면, 청소년건강을 위한 정당이 필요하다는 데 동의하고 기꺼이 당비를 내겠다는 의사를 가진 만 16세 이상 청소년 5,000명을 전국 5개 시·도에서 모아야 한다. 우리나라에서는 만 16세가 되지 않으면 정당의 당원이 될 수 없다.

사실 이는 지나치게 엄격한 기준이다. 4장에서 살펴보겠지만 선거권과 정당 가입 연령이 같은 나라는 많지 않다. 대다수 국가에서 가입 연령은 정당이 알아서 정하도록 하고 있다. 유럽에서 20대, 30대 정치인을 만나기 어렵지 않은 것은 10대 시절부터 정당에 가입해 정치적으로 훈련될 수 있었기 때문이다.

정치 발전을 위해서도 청소년의 정치 활동이 보장되는 것이 바람직하다. 누구나 자유롭게 정당을 만들 수 있고, 정당에 가입하는 것이 자연스러운 사회가 되어야 한다. 정당을 통한 정치 참여가 활발해질 때 사회가 안정된다. 아무리 심각한 갈등이라도 그 사안이 정당 정치 안으로 들어오면 평화적으로 관리될 수 있다. 겉보기엔 시끄러워도 전쟁 상황까지 치닫지는 않는다. 정당들이 각각의 불만을 나눠서 대표하면 그만큼 사회 갈등은 줄어든다. 정당이 시민들 속에 튼튼히 뿌리내릴 때 우리는 무익한 논쟁에서 벗어나 더 나은 사회에 대해 이야기할 수 있을 것이다.

4 〰〰〰 내 생각과 가장 비슷한 정당은 어디일까?

 보수와 진보, 무슨 기준으로 나눌까?

'성적표와 시험은 완전히 사라져야 한다.' 동의하는가? 아니면 반대하는가? 그럼 이건 어떤가? '사형 제도를 없애야 한다.' '환경오염을 일으키는 제품의 생산을 금지해야 한다.' '파업은 전면적으로 보장받아야 한다.' 더 민감한 주장도 있다. '성전환자의 군대 복무를 허용해야 한다.' '모든 핵 발전소를 즉각 폐기해야 한다.' 여기에 대한 여러분의 입장은 어떤가? 이런 주제를 놓고 이야기를 해 보면 사람들의 의견이 얼마나 다양한지 알 수 있다. 판단도 다르고, 판단의 근거도 똑같지 않다.

위에 제시한 질문들에 동의하는 비중이 높을수록 급진주의자에 가깝고 동의하지 않을수록 보수주의자에 가깝다. 중간이라면 중도라고 할 수 있다. 물론 단순한 질문 몇 개로 정치적 입장을 판단할 수는 없다. 나의 정치적 입장을 결정하는 것은 편의점에서 좋아하는 음료수를 고르는 일과는 다르다. 어떤 사안이든 깊이 고민해야 한다. 토론도 필요하다. 지지하는 정당을 선택한다는 것은 자신이 지키고 싶은 가치를 선택하는 일이기도 하다.

정당은 추구하는 이념에 따라 진보와 보수 또는 좌파와 우파로 나뉜다. 진보는 '앞으로 나아가다'라는 뜻으로, 사회의 변화와 이를 통한 발전을 추구하며 구조적 문제를 중시한다. 보수는 '지킬 보(保)'와 '지킬 수(守)'가 결합된 단어인 만큼 새로운 변화보다 기존의 안정을 추구한다. 일반적으로 사회에 불만이 있는 사람은 변화를 원하는 진보로 기울고, 현 상태에 만족하고 현재의 경제·사회적 지위를 유지하고 싶은 사람은 보수로 기울기 쉽다.

우파와 좌파라는 명칭은 1789년 프랑스혁명 직후 열린 국민의회에서 보수적 성향의 왕당파가 오른쪽에 앉고, 급진적 성향의 공화파가 왼쪽에 앉았던 것을 기원으로 한다. 이후 자연스럽게 혁명에 소극적인 세력은 우파로, 적극적인 세력은 좌파로 부르게 되었다. 이들이 자리를 바꿔 앉았다면 현재의 명칭은 정반대가 되었을 수도 있다. 이때 좌·우는 기본적으로 경제정책에 대한 입장, 사회 변화에 대한 태도로 구분된다. 경제정책을 짤 때 우파는 정부가 개입하기보다 시장에 맡겨 두는 게 낫다고 보고 개인의 재산권 보호를 중요시하며 전통적 가치를 지키고 싶어 한다.

반면 좌파는 시장은 불평등을 스스로 해결할 수 없으므로 정의로운 분배와 평등을 위해 정부가 적극적으로 개입해야 한다면서 개혁을 강조한다.

우파·좌파와 보수·진보를 엮어서 부르기도 하는데, 보통 진보와 좌파를 한편으로, 보수와 우파를 하나로 묶어 진보좌파, 보수우파라고 부른다. 정당의 이념을 한눈에 구분하기는 어렵다. 검은색과 흰색으로 나뉘는 게 아니기 때문이다. 특히 우리나라 정당은 이런 구분에 딱 맞지 않는다. 정당 간 공약의 차이가 크지 않고, 추구하는 방향도 비슷하기 때문이다. 검은 회색과 하얀 회색 정도의 차이라 생각하면 맞을 것 같다.

정당의 성격을 구분하는 다른 방법은 평등과 자유, 성장과 분배 중 어느 것을 우선하는지 따져 보는 것이다. 평등과 자유, 성장과 분배는 언제나 함께 있는 짝꿍이지만 개와 고양이, 축구와 야구만큼 다르다. '동물을 좋아한다' '운동을 좋아한다'와는 다른 접근이 필요하다. '어떤 동물과 어떤 운동을 좋아하는가?' 하고 구체적으로 물어야 한다.

나의 지향은 자유와 성장, 자유와 분배, 평등과 성장, 평등과 분배, 어느 조합에 더 가까운가? 우리는 모두 자유롭고 평등한 사회, 성장의 몫을 골고루 분배하는 사회를 꿈꾸지만, 그 꿈에 이르는 길은 다르다. 따라서 길 찾기를 할 때는 목적지와 함께, 가는 방법과 경로도 꼼꼼히 살펴야 한다. 지하철을 타고 갈 것인가, 버스를 타고 갈 것인가, 두 번 환승하고 빨리 갈 것인가, 오래 걸리더라도 갈아타지 않고 한 번에 갈 것인가. 어떤 길이든 그 누구도 아닌, 내가 결정해야 한다. 어떤 가치를 더 중요하게 여기느냐에 따라 정당들은 자유주의, 보수주의, 사회주의 정당으로 구분된다.

그런가 하면 사회가 변화하면서 전통적 이념 외에 새로운 가치가 등장하기도 한다. 성 평등과 생태주의가 여기 해당한다. 크게 보면 성 평등도 평등의 문제이고, 생태주의도 성장에 대응하는 가치이지만 시민들의 요구가 점점 더 세분화되고 있으니 정당들도 이를 반영해야 한다.

기존 정당이 시민들의 요구를 다 수용하지 못한다면 새로운 정당이 만들어질 수 있다. 최근에는 특정 이슈만을 다루는 정당이 등장하기도 했다. 유럽의 해적당이 대표적이다. 바다 위의 해적이 아니라 원작자의 동의 없는 불법 복제물인 '해적판'에서 가져온 이름이다. 당명에서 알 수 있듯 인터넷상의 정보와 지식과 문화의 자유로운 공유를 추구하며 개인정보 보호를 중요하게 생각한다. 정보가 권력의 열쇠라고 보기 때문이다.[18] 과거에는 누구도 생각하지 못한 정당이다.

공약을 보면 정당이 보인다

우리나라 정당들이 어떤 가치를 추구하는지는 공약으로 비교해 볼 수 있다. 2020년 국회의원 선거의 교육 분야 공약을 살펴보자.[19] 더불어민주당과 미래통합당(현 국민의힘)은 대학 입시에서 정시 비중을 확대하고 수시를 줄이겠다는 공약을 냈다. 여당과 제1야당의 공약이 같다. 정의당만 다른 입장을 냈다. 현행을 유지하되 차근차근 준비해서 2028년에는 보다 공정한 제도로 바꾸겠다는 것이다. 더불어민주당과 미래통합당의 공약은 특수목적고등학교에 대한 정책에서 갈린다. 줄여서 '특목고'라 불리는 자율형사립고, 외국어고, 국제고 등에 대한 입장이야말로 보수와 진보를 나누는 확실한 기준이다.

2019년 교육부는 2025년까지 모든 특목고를 폐지하고, 일반고로 전환하겠다고 발표한 바 있다.[20] 학교를 성적에 따라 줄 세우면 불평등이 심화된다는 것이 교육부의 판단이다. 더불어민주당, 정의당, 녹색당은 폐지에 찬성한다. 반면 미래통합당, 국민의당은 폐지에 반대한다. 경쟁력 있는 인재를 키우기 위해서는 특별한 목적을 가진 학교가 필요하다는 것이다. 대신 일반고도 경쟁력을 키워 학생들이 선택할 수 있도록 하자고 한다.

즉 특목고 폐지와 존치를 가르는 기준은 교육에서 경쟁의 필요성을 얼마나 인정하느냐 여부, 그리고 엘리트 육성에 대한 입장 차이에 있다. 교육 평등을 중시한다면 폐지를, 자유로운 경쟁을 중시한다면 존치를 입장으로 한다. 한편 폐지에 찬성하는 정의당은 '좋은 일반고' 공약을 제시했다. 일반고의 학급당 학생 수와 교원 1인당 학생 수를 특목고(과학고) 이상으로 개선하자는 것이다. 공약은 이처럼 실행 방안이 구체적이어야 한다.

공약이 소리만 요란한 빈 깡통이 되지 않으려면 공약을 실현하는 데 필요한 돈, 즉 재원을 마련할 방법이 함께 제시되어야 한다. 재원 조달 방안은 정당이 추구하는 가치를 확인하는 최고의 증표이기도 하다. 이것도 저것도 다 하겠다고 약속하기는 쉽다. 하지만 약속을 지키기는 어렵다. 친구가 내 생일 선물로 최신형 핸드폰을 사 주겠다고 하면 우리는 웃음으로 넘길 것이다. 고마운 농담일 뿐이니까. 약속을 지키기 위해서는 필요한 돈을 어떻게 마련할지 구체적 계획이 뒤따라야 한다. 실천 없는 선언적 약속은 의미가 없다.

세금 정책을 보면 정당 간 차이가 더 잘 드러난다. 더불어민주당은 나랏돈을 아껴 쓰고 세금을 열심히 걷어 필요한 재원을 마련하겠다고 한다. 미래통합당은 세율 인하, 세액공제, 소득공제 확대 등의 방법으로 세금을 줄이는 정책을 제시한다. 정의당은 반대로 탄소세 도입 등 세금을 늘리는 정책을 말한다.[21]

세금을 더 걷는 것은 정부의 역할을 강화하면서 분배를 중시하겠다는 의미이고, 세금을 덜 걷는 것은 시장을 중시하며 정부의 역할은 축소하겠다는 뜻이다. 각 정당이 내놓는 세금 정책은 정말 중요하다. 세금에 대해 말하지 않는 정당은 정부 운영에 대한 철학이 없는 정당이라고 봐도 무방하다. 따라서 선거 때에는 정당들이 제시하는 공약과 함께 재원 마련 방법과 세금 정책을 꼼꼼히 따져 봐야 한다.

　정당이란 무엇인가, 정당은 왜 필요한가, 정당은 어떤 일을 하는가에 이어 물어야 할 질문은 '어떤 정당이 되어야 하는가'다. 2015년, 중학교 2학년 학생들과 정치 수업을 하면서 국회와 정치에 대해 설명하고 각자 바라는 정당을 만들어 보도록 했다. 그때 학생들이 정한 정당 이름은 '꿈의당'이었다. 청소년들이 꿈꾸는 바가 실현될 수 있는 사회를 만들고 싶다고 했다. 독일의 메르켈 전 총리는 젊은 세대를 만났을 때 "당신들이 나이 든 사람보다 오래 산다. 누구를 뽑는 것이 다음 미래를 위해 더 좋겠는가?"라는 질문을 던졌다고 한다. 정치는 현실에서 벌어지는 일을 다루지만, 정당은 미래를 꿈꾸게 해야 한다. 그런 의미에서 모든 정당은 '꿈의당'이 되어야 한다. 한국의 정당들은 우리를 꿈꾸게 하고 있는가?

3장

의회 민주주의의
핵심, 국회

1 〜〜〜 국회에선 누가, 어떻게 일할까?

 국회의 네 가지 역할

2020년, 코로나바이러스가 온 세계를 뒤흔들었다. 우리의 일상은 생각지도 못한 방향으로 흘러 학교 수업마저 온라인으로 해야 했다. 학생들은 선생님, 친구들과 얼굴을 마주 보지 못한 채로 2년 가까운 시간을 보내야 했고, 이제는 코로나바이러스감염증-19(이하 '코로나19')와 함께 살아갈 방법을 찾아야 한다는 목소리가 나오고 있다.

'사회적 거리두기'가 요구되는 코로나19 상황에서 등교수업이 이루어지기 위해서는 한 교실에 들어가는 학생 수가 적어야 한다. 우리나라의 한 학급당 학생 수는 초등학교가 23.1명, 중학교는 26.7명이다.(2018년 기준.)[1] 한때 한 학급에 학생이 40~50명씩 있어 '콩나물 교실'이라고 불리던 시절에 비하면야 많이 나아졌지만, 여전히 경제협력개발기구(OECD) 평균(초등학교 21.1명, 중학교 23.3명)보다 많다. 더욱이 학교에 따라 학생 수에 차이가 난다. 과학고는 한 반에 16.4명인데, 일반고는 이보다 1.5배 많은 24.2명이다. 실제로 과학 고등학교가 등교수업을 할 때, 일반 고등학교는 원격 수업과 등교수업을 병행하는 상황이 발생하기도 했다.[2]

내가 다니는 학교는 학생 수가 많아 온라인 수업을 하는데 이웃의 학교는 학생 수가 적어 등교수업을 한다면, 공평하다고 할 수 있을까? 이로 인해 생겨나는 학력 격차는 누가 책임질까?

학급당 학생 수는 비단 코로나19 감염 위험 때문만이 아니라 학습 환경에도 큰 영향을 미치기 때문에 개선이 필요하다. 어떻게 하면 될까? 모든 학교가 '학급당 학생 수 20명 이하'라는 기준을 지키도록 법에 명시하고 필요한 것들을 지원하면 된다. 2021년 현재 이와 같은 내용이 담긴 〈초·중등교육법〉 개정안이 발의되어 있다.[3]

이처럼 시민의 필요에 따라 법안을 발의하고 심사하고 통과시키는 것이 국회가 하는 일이다. 국회는 법을 만들기 때문에 '입법부'라고 불린다. 입법부, 행정부, 사법부로 이루어진, 국가의 세 권력기관 가운데 가장 중요한 기관은 뭐니 뭐니 해도 입법부다. 민주주의란 시민이 선출한 적법한 대표들이 법을 만들고, 그 법을 시민이 지키는 체제이기 때문이다. 입법부의 구성원인 국회의원은 어느 나라든 시민이 직접 선출한다. 국회의원의 활동이 마음에 들지 않으면 4년 뒤 선거에서 바꿀 수 있는 권한도 시민에게 있다. 입법부는 시민이 주권을 위임한 기관이기에 민주주의 사회에서는 입법부의 결정이 최우선이다. 이를 기초로 행정부는 법을 집행하고, 사법부는 법을 적용하고 기본권을 수호하는 역할을 한다.

국회의 역할과 권한은 크게 입법, 재정, 일반 국정, 외교의 네 영역으로 나누어 살펴볼 수 있다. 첫째, 입법에 관한 권한은 법률을 만들거나 개정하는 권한이다. 헌법 개정안을 제안하고 의결하는 권한과 함께, 다른 나라와 맺는 조약에 대한 비준 동의권도 있다. 비준 동의는 대통령이 비준한 조약에 대해 국회가 동의하여 우리나라 안에서 효력을 갖도록 하는 절차를 말한다.

둘째, 재정에 관한 권한은 예산과 결산에 대한 심사권이다. 세금을 어디에 얼마나 매길지, 누구에게 세금을 내도록 할지를 국회가 정한다. 조세를 전제로 국민경제 전반에 걸친 국가 재정에 대해 심의하고, 확정한다.

셋째, 일반 국정에 관한 권한은 국정감사권, 국정조사권, 대통령에 대한 탄핵소추권 등이다. 인사와 관련한 권한도 여기 포함되는데 대법원장, 헌법재판소장, 국무총리, 감사원장, 대법관을 임명할 때 국회의 동의를 받아야 하며 헌법재판소 재판관 3인,

중앙선거관리위원회 위원 3인은 국회에서 선출한다.

마지막으로 외교에 관한 권한에는 초청외교, 방문 외교, 국제회의 참석 등이 있다.

 ## 국회의 동아리, 상임위원회

국회의원 한 사람이 국정의 모든 영역을 다루기는 어렵다. 또 매 사안에 300명 국회의원 모두가 참여해 논의하기도 쉽지 않은 일이다. 전문적이고 효율적으로 일하기 위해서는 역할 분담이 필요하다. 그래서 국회는 행정부와 짝을 이루는 위원회를 구성하고 있다. 예컨대 교육부와 관련된 안건은 교육위원회에서, 보건복지부와 관련된 안건은 보건복지위원회에서 다루는 식이다. 이러한 위원회를 국회 상임위원회라 하고, 줄여서 '상임위'라고 부른다.

어떤 상임위원회는 2개 부처에 속하는 사항을 다루기도 한다. 환경노동위원회는 환경부와 고용노동부 사안을 모두 다루고, 농림축산식품해양수산위원회는 농림축산식품부와 해양수산부 사안을 다룬다. 상임위원회의 종류와 수는 국회를 구성할 때마다 약간씩 변동이 있는데, 제21대 국회는 국토교통위원회, 행정안전위원회, 법제사법위원회 등 17개 상임위원회가 있다. 이 중 국회

제21대 국회 상임위원회 현황

국회운영위원회* 법제사법위원회 정무위원회 기획재정위원회 교육위원회
과학기술정보방송통신위원회 외교통일위원회 국방위원회 행정안전위원회
문화체육관광위원회 농림축산식품해양수산위원회 산업통상자원중소벤처기업위원회
보건복지위원회 환경노동위원회 국토교통위원회 정보위원회* 여성가족위원회*

* 표시는 겸임 상임위원회.

운영위원회, 정보위원회, 여성가족위원회는 국회의원이 다른 상임위를 하면서 추가로 참여할 수 있는 겸임 상임위원회다.

국회의원은 모두 하나 이상의 상임위원회에 소속되어 활동한다. 상임위원회는 학교의 학급이나 동아리에 비유할 수 있겠다. 같은 반 학생들끼리 모여 수업을 듣는 것처럼 소속된 상임위원회에서 회의도 하고, 법안심사도 하며, 행정부 소속 기관으로부터 업무 보고도 받는다.

상임위원회 전체 회의가 열리면 소속 위원들이 참석하고 소관 부처 장관도 출석한다. 이 자리에서 국회의원들은 행정부가 추진하는 사업의 문제점이나 개선 방향, 법안이 시행되었을 때 미치는 영향을 묻거나 법안 통과 및 예산 편성의 필요성을 주장하기도 한다. 또 물류센터에 대형 화재가 발생해 일하던 사람들이 사망했다든지 성폭력에 대한 군의 미흡한 대응으로 여군이 스스로 세상을 등지는 등 큰 사건이 발생하면 그 문제를 어떻게 해결

할지 현안 질의도 한다. 이 모든 내용은 회의장 중앙에 앉아 있는 속기사들이 빠짐없이 기록하고, 회의록은 공개를 원칙으로 한다. 국회에서 어떤 논의가 이루어지고 있는지 궁금하다면 국회 홈페이지에서 회의록을 찾아보면 된다.

상임위원회 회의장도 상임위원회별로 각각 갖춰져 있다. 회의장에 들어가면 회의를 진행하는 위원장을 사이에 두고 여당과 야당이 마주 보고 앉는다. 이때 교섭단체 간사들이 위원장과 가장 가까운 자리에 앉는다.

교섭단체는 국회의원 20명 이상으로 구성할 수 있으므로 20석 이하의 정당 또는 무소속 의원은 비교섭단체라고 한다. 국회 안에서 20석 이상을 차지한 정당과 그렇지 않은 정당은 그 권한이 하늘과 땅 차이다. 교섭단체가 되어야 제대로 된 논의에 참여할 수 있는 것이다. 교섭단체가 되면 상임위원회 위원장을 할 수 있고, 상임위원회마다 간사를 둘 수 있다. 위원장과 간사는 협의를 통해 언제 회의를 할지 어떤 안건을 다룰지 결정한다. 교섭단체는 국회 안에 별도의 공간을 배정받고, 정책 연구 위원을 추가로 지원받는다. 정당에 지급되는 보조금 예산이 있는데, 이 역시 교섭단체는 전체 보조금의 절반을 먼저 배분받는다. 방송통신위원회, 개인정보보호위원회 등 행정부 소관의 각종 위원회의 위원을 추천할 권한도 갖는다. 국회는 사실상 교섭단체를 중심으로 운영된다.

제21대 국회에는 교섭단체가 2개 있다. 174석을 가진 더불어민주당과 102석을 가진 국민의힘이다.[4] 나머지 5개 정당은 비교섭단체인데, 그중 가장 의석이 많다는 정의당도 6석에 불과해 교섭단체 성립 조건인 20석과는 거리가 멀다. 같은 정당이 아니어도 '우리 한번 뭉쳐볼까?' 제안하고 상대가 받아들이면 교섭단체를 만들 수 있다. 실제로 이렇게 여러 정당이 공동으로 교섭단체를 구성한 경우가 있었지만 오래가진 못했다.

 국회는 오늘도 회의 중

국회의원의 임기는 4년이다. 중학교 3년 과정을 마치면 졸업하는 것처럼, 국회의원도 4년이면 원칙적으로 임기가 끝난다. 선거에서 다시 당선되어야 임기를 이어 갈 수 있다. 처음 당선된 의원을 초선 의원, 두 번 당선되면 재선 의원, 그다음부터는 당선 횟수에 따라 삼선, 사선, 오선 의원이라고 부른다.

임기 첫해와 선거가 있는 마지막 해를 제외하면 국회도 학교처럼 1년 단위로 흘러간다. 학교생활의 1년은 크게 새 학기 시작, 여름방학, 2학기, 겨울방학으로 구분할 수 있다. 사이사이 중간고사, 기말고사, 봄방학이 있다. 체육대회나 현장학습, 수학여행과 같은

내 손으로 만드는 내 삶을 위한 정치

특별한 행사도 있다. 국회의 1년도 기본적인 운영 일정과 특별한 행사에 따라 짜인다. 크게 정기적으로 열리는 회의와 비정기적으로 열리는 국정조사, 인사 청문회 등으로 나눌 수 있다.

국회에서 회의가 열리는 기간을 회기라고 한다. 회기는 임시회와 정기회로 나뉜다. 임시회는 〈국회법〉에 따라 2~6월은 첫날부터, 8월에는 16일부터 그달 말일까지 열린다. 그럼 9월부터는 쉬는 것일까? 아니다. 9월 1일부터 100일 동안 정기회가 열린다. 1년 열두 달 중 1월과 7월을 빼고는 국회는 언제나 회의 중이라는 말이다. 겨울방학, 여름방학과 닮았다. 그런데 국회는 방학 중에도 회의를 소집할 수 있다! 법에 정해진 기간이 아니어도 대통령 또는 국회 재적 의원 4분의 1 이상의 요구가 있으면 아무 때나 열 수 있다. 임시회의 기간은 30일 이내로 규정되어 있지만, 30일이 지나면 곧장 또 소집할 수 있다. 그러니 국회는 1년 내내 회의 중이라고 봐도 무방하다.

그중에서도 특히 9월부터 열리는 정기회는 국회의원과 보좌진

2021년도 국회 운영 기본 일정

1월	2월	3월	4월	5월	6월	7월	8월	9월	10월	11월	12월
	임시회 (28일간)	임시회 (30일간)	임시회 (30일간)	임시회 (30일간)	임시회 (30일간)		임시회 (16일간)	정기회 (100일간)			

출처: 국회 홈페이지

들의 긴장감이 무척 높은 시기다. 수험생의 입시 철과 비슷하다고 할까. 정신없이 100일이 흘러간다. 예산안을 심의·확정하고, 예산과 관련 있는 법률안을 비롯해 여러 건의 법률안을 처리하기 때문이다. 게다가 대망의 국정감사가 있다! 국회는 국정감사를 통해 행정부의 정책 방향과 한 일을 집중적으로 점검한다. 국정감사에서 시정을 요구하면 행정부는 나중에 처리 결과를 국회에 보고해야 한다. 국정감사를 잘해내려면 국회의원들이 문제를 날카롭게 파고들 수 있어야 한다. 그만큼 꼼꼼한 준비가 뒷받침되어야 하는 것이다. 그래서 정기회는 가장 바쁘고 중요한 시기다.

국회의 1년 일정은 매년 12월 31일 국회 홈페이지에 공개된다. 정확한 날짜는 나중에 정해지고 곧잘 바뀌기도 하지만 전체적으로는 정해진 흐름대로 흘러간다.

 국회의 회의에선 어떤 이야기를 나눌까?

국회에서 진행되는 회의는 크게 본회의, 상임위원회 전체 회의, 소위원회 회의로 나눌 수 있다. 회의에서는 법률안, 예산안, 동의안 등에 대해 심사하고 의결한다. 국회가 심사하는 안건을 통틀어 의안이라고 부른다. 의안은 원칙적으로 상임위원회 심사를 거

내 손으로 만드는 내 삶을 위한 정치

쳐 본회의에서 찬반 의견을 모아 결정한다. 이를 표결이라 하는데, 전자 투표 방식으로 이루어지며 대부분의 의안은 국회의원 개개인의 찬성, 반대, 기권 여부를 바로 확인할 수 있다. 우리가 뉴스에서 종종 보는 녹색, 빨간색, 노란색 표시로 가득 찬 커다란 전광판이 바로 본회의 표결 결과를 보여 주는 화면이다.

본회의가 열리는 본회의장은 국회의원만 들어갈 수 있다. 국회의장이 높은 단상에서 사회를 보고 의원들은 정당별로 부채꼴로 앉는데, 보통 여당이 가운데 앉는다. 국무총리와 각 부처 장관 등 국무위원들도 출석해 의장석에서 바라볼 때 오른쪽에 자리한다.

본회의를 열기 위해서는 전체 의원 300명 중 5분의 1에 해당하는 인원이 참석해야 한다. 이처럼 회의에 필요한 인원을 '정족수'라고 하는데, 회의를 여는 데 필요한 정족수는 '의사 정족수', 안건 의결에 필요한 정족수는 '의결 정족수'라고 부른다. 안건을 의결하기 위해서는 재적 의원 과반수의 출석, 출석 의원 과반수의 찬성이 필요하다. 국회의원이 300명이니 151명 이상 출석해야 의결을 진행할 수 있고, 151명이 출석했다면 출석한 의원의 과반수인 76명이 찬성해야 가결된다. 의안 통과를 위한 최소 인원이 76명인 셈이다. 만약 300명이 모두 출석했다면 151명이 찬성해야 통과된다.

어떤 안건은 의결에 필요한 인원수의 기준이 훨씬 높은데, 그

만큼 중요한 안건이라 보기 때문이다. 예컨대 대통령을 탄핵 소추하거나 헌법을 개정하는 경우는 찬성 인원이 재적 의원의 3분의 2에 해당하는 200명보다 많아야 한다. 또 국무총리나 장관 해임을 건의하기 위해서는 재적 의원 5분의 3, 즉 180명이 넘어야 한다.

오래전에 이 인원수를 두고 큰 다툼이 일어난 적이 있다. 초대 대통령 이승만 집권 시절이었다. 당시 헌법에 따르면 대통령은 두 번까지만 할 수 있었고, 이승만은 이미 두 번을 연임한 상황이었다. 하지만 이승만은 거기서 멈추고 싶지 않았다. 당시 집권당인 자유당은 초대 대통령에 한해 연임에 제한을 두지 않는다는 내용의 헌법 개정안을 발의한다. 재적 의원이 203명이었으니 개헌을 위해 필요한 의결 정족수는 136석이었다. 본회의 투표 결과, 찬성은 135명이었다. 딱 1명이 모자라 개헌안은 통과되지 못한다.

그런데 이틀 뒤 자유당은 반올림의 원리 '사사오입'을 들고나온다. 근삿값을 구할 때 숫자 4 이하는 버리고, 5 이상은 올리는 것처럼, 203명의 3분의 2는 135.33명인데, 0.33은 자연인으로 존재할 수 없으므로 소수점 이하는 버려야 한다는 주장이었다. 자유당이 내세운 이상한 논리로 부결되었던 개헌안이 통과로 뒤바뀌고, 이승만은 세 번째 임기를 수행한다. 이를 두고 '사사오입 개헌'이라고 한다.

비록 이승만이 대통령을 또 할 수 있게 되었지만, 대통령 마음대로 헌법을 바꿔서는 안 된다는 인식도 퍼졌다. 또 이를 계기로 자유당 의원 일부가 탈당하면서 당의 위력이 약해져 향후 자유당 정권이 무너지는 균열의 시작이 되었다.

본회의에서는 의안 표결 외에도 대통령의 시정연설, 정당의 대표 연설, 대정부 질문, 긴급 현안 질문, 5분 자유 발언, 의사 진행 발언, 신상 발언 등이 진행된다. 국회 본회의장에서는 박수를 치지 않는 것이 오랜 관례다. 그런데 예외가 있다. 바로 대통령이 연설할 때다. 그래서 대통령의 연설이 끝나면 언론에 '몇 번의 박수가 나왔다'라는 식의 기사가 보도되기도 한다.

대통령의 국회 연설은 자주 있는 일은 아니다. 특정 사안으로 국정 연설을 하기도 하지만 드물다. 보통은 예산안을 제출할 때 한다. 이처럼 대통령이 국회에 와서 행정부가 제출한 예산안 및 정책 운영 방향을 설명하는 것을 시정연설이라 한다. 시정연설에는 대통령의 국정 철학이 담겨 있다. 국무총리가 대신 할 수도 있으나, 보통 대통령이 직접 한다. 국회에 대한 존중의 의미가 담겨 있다고 볼 수 있다.

박수를 쳐도 되는 또 하나의 예외가 있다. 정당 대표의 연설이다. 정당 대표의 연설은 국회법에 따라 매년 첫 번째 임시회와 정기회 때 두 차례, 40분 이내로 실시한다. 합의에 따라 추가할 수도 있다. 정당의 대표 또는 원내대표가 현안에 대한 입장과 정치적 방향 등을 제시하는데, 야당의 경우 국정 운영에 대한 비판적 견해를 담기도 한다. 정치, 경제, 사회 등 각 분야에 대한 정당의 입장을 압축해서 들을 수 있다. 비교섭단체의 경우 대표 연설은 하지 못하고 발언만 할 수 있다. 시간도 15분 내외에 불과하다.

대정부 질문은 국회의원들이 국무총리 또는 장관들에게 질문을 하고 답변을 듣는 제도다. 국회의원은 정부의 정책에 대해 질문하거나 정책의 문제점을 개선하도록 요구한다. 긴급 현안 질문은 대정부 질문과 같이 국무총리와 해당 부처 장관에게 질문하는 것이지만, 대정부 질문처럼 정기적으로 이루어지는 것이 아니라 갑자기 중요한 사건이 발생했을 때 실시한다. 어떤 현안을 다룰지에 대해서는 여당과 야당이 상의해 결정한다.

여러분이 만약 국회의원이라면 국무총리나 교육부 장관, 고용노동부 장관에게 어떤 질문을 할 것인가? 혹은 여러분이 교육부장관이라면, 학원에서 선행 학습을 못하게 해야 한다는 국회의원의 주장에 어떻게 답변해야 할까? 여러 사정으로 학교를 그만둔 청소년의 생활을 지원할 방법을 누군가 물어본다면? 이 모두는 우리가 함께 해결해 가야 할 문제들이다. 대정부 질문은 정부 정책의 잘못된 점을 따져 묻는 의도도 있지만, 우리 사회의 문제를 해결할 방법을 함께 찾아보자는 의미도 있다.

5분 자유 발언은 국회의원이 자신의 의견을 자유롭게 말하는 것이다. 주제나 분야가 정해져 있지 않고 발언 시간만 5분 이내로 정해져 있다. 시간이 지나면 마이크가 꺼진다. 이 시간에는 주장하고 싶은 내용을 잘 정리해 멋진 연설을 해도 좋다. 정치가는 말로 상대를 설득하는 사람이다. 주어진 5분 안에 상대방을 설득할 수 있다면 뛰어난 연설가이자 훌륭한 정치가라 할 수 있다.

신상 발언은 의원 자신에게 발생한 일이나 자신과 관련된 사안에 대하여 발언하는 것이다. 가장 기억에 남는 신상 발언은 제18대 국회 첫 본회의에서 곽정숙 의원이 했던 발언이다. 척수 장애인인 곽 의원은 키가 130cm다. 그가 기자회견을 하기 위해 국회 기자회견장에 갔더니 단상이 너무 높아 앞이 전혀 보이지 않았다고 한다. 그는 급히 A4 용지가 든 상자를 가져와 그 위에 올라서서 기자회견을 했다며 높이가 조정되는 단상으로 교체해 줄 것을 국회의장에게 요청했다. 신상 발언이 끝나자 국회의장은 사과했고, 기자회견장의 단상은 교체되었다. 장애인 당사자 의원의 신상 발언이 환경 개선으로 이어진 사례다.[5]

의사 진행 발언은 회의 진행 과정에서 회의 진행 방법 등에 대하여 이의를 제기하거나 의견을 말하고자 할 때 신청하는 발언이다. 사회를 보는 의장이나 위원장이 발언권을 줘야 발언할 수 있다. 회의에서 의사 진행 발언이 계속 이어진다면 그 회의는 지금 원활하게 진행되고 있지 않는 것이다.

2 ～～～ 공정한 사회를 위한 법 제정

 법은 누구를 위해 존재해야 할까?

길고양이를 잔인하게 학대하는 동영상이 인터넷상에 올라와 경찰이 수사에 나섰다는 뉴스가 나온다. 만약 가해자가 "나는 고양이를 싫어할 자유가 있다"라고 말한다면 우리는 그의 자유를 인정해야 할까? 이 경우 생명 존중이 우선이다. 고양이를 싫어할 수는 있지만 그렇다고 학대해서는 안 된다. 따라서 가해자는 〈동물보호법〉에 따라 처벌받을 것이다. 자유는 무조건, 무한대로 보장되어야 하는 권리가 아니다. 다른 생명을 학대하고 폭력을 행사한다면 그 자유는 제한되고 법에 따라 처벌받는다.

민주주의는 개인의 자유로운 권리 행사를 기반으로 하지만, 동시에 한 개인이 다른 사람에게 해를 끼칠 경우 그를 처벌할 수 있도록 법이라는 장치를 마련해 두었다. 사회를 유지하기 위해서라면 우리의 자유와 권리를 제한해도 좋다고 우리가 동의했기 때문이다. 법은 질서를 유지하고, 폭력을 처벌하고, 권력을 통제한다. 기본권을 보호하고 갈등을 줄인다. 법을 잘 만들고 잘 시행하면 평등하고 공정한 사회에 다가갈 수 있다. 약자의 삶을 나아지게 만들 수도 있고, 평범한 사람들의 행복을 보장할 수도 있다. 이를 위해 법은 따뜻하고 인간적이어야 한다.

헬렌 켈러는 생후 19개월 만에 시각과 청각을 모두 잃었다. 설리번 선생님을 만나 물을 만져 보고 '물'이라 외치면서 세상과 소통하는 법을 배운 그의 일화는 매우 유명하다. 목의 진동과 입의 모양을 만지고 느껴서 말하는 법을 배운 헬렌 켈러는 대학에 진학해 공부를 계속했고, 88세에 사망하기까지 장애인과 여성의 권리 신장을 위해 활발히 사회 활동을 했다.

우리나라에도 헬렌 켈러와 같은 시청각장애인들이 있다. 시청각장애인은 시각장애인, 청각장애인과는 의사소통 방법 자체가 다르다. 촉수화라고 하여 수화하는 손의 모양을 손으로 만지는 방법으로 대화하기 때문에 한 사람당 1명의 설리번 선생님, 즉 촉수화 통역사가 필요하다. 하지만 이전까지 시청각장애인은 〈장애인복지법〉상 별도의 장애 유형으로 분류되지 않아 그에 맞는 지원을 받을 수 없었다. 2019년 일명 '헬렌 켈러법'이라 불리는 〈장애인복지법〉 개정안이 통과되면서 비로소 시청각장애인에 대한

지원이 가능해졌고, 시청각장애인들이 세상 밖으로 한 발짝 더 내디딜 수 있게 됐다.[6] 법의 인간적 얼굴이라 할 수 있다.

 ## 법은 누가, 어떻게 만들까?

헌법은 "입법권은 국회에 속한다"라고 명시하고 있다. 거기에 더해 "국회의원과 정부는 법률안을 제출할 수 있다"라고 하여 정부의 입법 참여도 추가로 보장하고 있다. 헌법에 따라 법안을 발의할 수 있는 주체는 모두 셋이다. 입법부의 구성원인 국회의원, 국회의원들로 구성된 상임위원회, 그리고 행정부다. 절차는 조금씩 차이가 있다.

　의원 발의 안에 대해서는 다음 쪽에서 상세히 설명하기로 하고, 그 이외의 발의 절차를 먼저 살펴보자. 상임위원회는 소관 사항에 대해 스스로 법안을 제안할 수 있으며 이 경우 발의자는 상임위원회 위원장이 된다. 크게 보면 이것도 의원 발의에 포함된다. 행정부는 발의 전 절차가 다소 까다롭다. 행정부는 법안을 제출하기 20일 전에 공개적으로 알려 법안에 대한 의견을 받아야 한다. 여당 및 관련된 다른 부처와 협의도 해야 한다. 또, 법제처 검토를 거쳐 국무회의에서 심의를 마치고 대통령이 서명해야 국회에 제출할 수 있다. 그해 제출할 법안 계획을 1월 31일까지 국회에 내야 한다. 이후 심사 절차는 의원 발의와 같다.

의원 발의를 통해 법이 만들어지는 과정은 10단계로 이뤄진다. 계단을 오른다 생각하고 차분히 따라가 보자. 조금 힘들어도 천천히 가면 끝까지 올라갈 수 있다. 읽다가 힘들면 중간 단계에서 잠시 쉬었다 가도 된다.

국회 법률안 처리 과정

법안 준비 → 법안 발의 → 입법 예고
↓
상임위원회 전체 회의 의결 ← 법안심사 소위원회 심사 및 의결 ← 상임위원회 상정
↓
법제사법위원회 상정 및 의결 → 본회의 안건으로 상정 → (본회의 무제한 토론)
↓
공포 및 시행 ← 정부 이송

내 손으로 만드는 내 삶을 위한 정치

법안 준비의 첫 단계는 문제를 정확히 파악하는 것이다. 그런 다음 문제를 해결하려면 어떤 법의 어떤 조항을 바꿔야 할지 찾는다. 만약 법이 없다면 새로 만들어야 한다. 법을 새로 만드는 것을 '제정'이라 하고, 기존에 있던 법을 바꾸는 것을 '개정'이라 한다. 합쳐서 제·개정이라고 쓴다. 법안을 준비하는 과정에서 관련된 단체나 노동조합, 전문가들의 의견을 듣고 간담회나 토론회도 한다. 사안에 따라서는 세미나를 하거나 연구, 실태 조사를 진행하기도 한다.

예를 들어 보자. 어린이집 창문으로 자꾸 담배 연기가 들어온다면 어떻게 해결해야 할까? 어린이집 문 앞에서 담배를 피우는 사람들 때문에 등·하원 때마다 담배 연기를 마셔야 한다면? 간접흡연으로부터 어린이를 보호하려면 어떻게 해야 할까?

만약 이곳이 금연 구역으로 지정되어 있다면 단속이 가능하다. 그런데 얼마 전만 해도 어린이집과 유치원 주변은 법으로 정해진 금연 구역이 아니었다. 지방자치단체 차원에서 금연 구역으로 지정하기도 했지만 일부에 불과했고, 대부분 건물 내부만 단속 대상이었다. 그러다 보니 2016년 어린이집의 흡연 단속 실적은 0건이었다. 실내에서 흡연하는 경우가 없을뿐더러 단속도 불가능했기 때문이다. 유치원이나 초·중·고등학교의 단속 실적도 그리 좋지 않아 흡연으로 적발된 건수는 1년 동안 단 75건, 전체 단속 건수의 0.2%에 불과했다.[7]

제20대 국회에서 윤소하 의원은 이 문제를 해결하기 위해 2017년 초록우산어린이재단과 함께 기자회견을 열었다.[8] 이 자리에 참석한 학생들은 "아저씨가 핀 담배꽁초 불이 제 손에 튀어 엄청나게 뜨거웠어요" "담배 연기가 싫어서 인도로 다니지 않고 차도로 다녀요" "연기에 기침이 나서 마스크를 쓰고 다녀요"라며 평소에 느낀 문제점을 쏟아 냈다.[9] 금연 구역에 관한 규정은 〈국민건강증진법〉 '금연을 위한 조치'에 나와 있다. 이 법에 따르면 어린이집, 학교, 도서관, 놀이 시설, 체육 시설 등 많은 곳이 금연 구역으로 지정되어 있지만, 시설 내부로 한정되어 있어서 정작 흡연자가 많은 시설 밖은 단속 대상에서 제외되는 상황이었다. 아이들의 간접 흡연 피해를 줄이려면 이 조항을 개정해야 했다. 윤 의원은 이 조항을 수정한 〈국민건강증진법〉 개정안을 발의했고, 이 법안이 통과되면서 유치원과 어린이집 주변 10m 이내가 금연 구역으로 지정되고, 안내 표지 설치도 의무화되었다.[10] 이 소식을 듣고 기자회견을 함께한 학생들이 가장 기뻐했다.

그러면 초·중·고 학교 주변은 어떨까? 학교 주변의 금역 구역은 지방자치단체의 조례로 정한다. 보통 학교 출입문에서 직선거리 50m 까지 금연 구역으로 지정하고 있다.[11] 2020년 9월 기준, 전국 지자체

243개 중 230개 지역에는 금연 구역을 지정할 수 있는 근거가 마련되어 있지만, 실제로 전국 초·중·고교 주변이 금연 구역으로 지정된 곳은 81%에 그친다.

2020년 12월 국민권익위원회는 유치원과 어린이집 주변 금연 구역 범위를 10m 이내에서 30m 이내로 확대하고, 지방자치단체가 정하던 초·중·고교 주변 금연 구역도 법으로 정해 전국 모든 지역에 동일하게 적용하도록 제도 개선을 권고했다.[12] 이와 같은 권고가 시행으로 이어지려면 〈국민건강증진법〉 개정이 필요하므로 2017년에 이어 다시 개정될 가능성이 높다.

이처럼 법은 한번 개정했다고 끝이 아니다. 이전에 개정한 내용이 미흡할 수도 있고 새롭게 발생한 문제를 해결해야 하는 상황이 닥칠 수도 있다. 문제는 끝없는 파도처럼 멈추지 않고 밀려오기 때문이다.

법안 발의

2단계

법안 준비가 끝나면 이제 법안을 발의한다. 제·개정 법안을 국회에 정식으로 접수하는 것을 '발의'한다고 한다. 그런데 혼자서는 법안을 발의할 수 없다. 행정부는 법안을 제출하는 데 특별한 규정이 없지만, 국회의원은 법안을 발의하려면 10명의 국회의원이 반드시 함께해야 한다. 따라서 본인 외에 9명의 찬성자가 필요하다. 이를 위해 동료 의원에게 법안의 취지와 내용을 설명하고 동의를 받기 위해 노력해야 한다.

처음부터 법안을 준비한 사람을 '대표 발의자', 대표 발의자의 요청에 따라 법안 발의에 참여한 사람은 '공동 발의자'라고 한다. 10명이라는 최소 인원 규정은 있지만 몇 명 이상은 안 된다는 규정은 없다. 따라서 100명, 200명이 공동 발의자가 될 수도 있다. 정당이 당론으로 법안을 발의할 경우 그 정당에 소속된 의원 전원이 공동으로 발의하기도 한다. 어떤 법안이 발의되어 있는지 궁금하면 국회 홈페이지 의안정보시스템에서 찾아볼 수 있다.

3단계

입법 예고

입법 예고는 법을 심사하기 전에 공개적으로 제·개정안의 내용을 미리 알리고, 의견을 받는 절차다. 법을 제·개정하는 이유와 주요 내용을 국회 홈페이지 입법 예고 게시판 등을 통해 알린다.[13] 시민들과 관련 단체는 게시판에 댓글을 다는 형식으로 법안에 대한 의견을 전달할 수 있다. 우편으로 보내도 된다. 입법 예고 기간은 보통은 10일 이상이고, 법을 새로 만들거나 기존 법이라도 개정할 내용이 많은 경우

에는 15일 이상으로 정하고 있다.[14]

4단계

상임위원회 상정

법안마다 그 법안을 맡는 상임위원회가 있다. 소관 상임위원회라고 하는데, 교육 관련 법안은 교육위원회에서 맡고, 복지와 의료 관련 법안은 보건복지위원회에서 맡는 식이다. 법안이 소관 상임위원회 전체 회의에 안건으로 올라오면 이때부터 본격 심사가 시작된다.

먼저 법안을 대표로 발의한 국회의원이 왜 이 법안을 제·개정하려고 하는지 이유를 설명한다. 이를 '제안 설명'이라 하며 이로써 다른 의원들과 행정부를 설득한다. 이때 다른 의원들은 법안에 대해 질문하거나 의견을 제시한다. 새로 만드는 법이나 개정 내용이 많은 법안은 공청회 또는 청문회를 열어 더 다양한 의견을 듣는다.

법안심사 소위원회 심사 및 의결

5단계

상임위원회는 보통 20~30명 의원으로 구성된다. 많은 인원이 여러 법안을 한꺼번에 심사하는 일은 쉽지 않다. 만약 어떤 법안에 대해 20명이 모두 다른 의견을 낸다면 조정하기가 어려울 뿐 아니라 심사하는 시간도 너무 길 것이다. 따라서 효율적이고 전문적인 심사를 위해 법안만 집중적으로 심사하는 소규모 위원회를 구성하는데, 이를 법안심사 소위원회라고 부른다.

상임위원회에는 법안을 심사하는 소위원회 외에도, 예산과 결산을 심사하는 소위원회, 청원을 심사하는 소위원회가 따로 구성되어 있다. 상임위원회에 따라서는 법안심사 소위원회를 둘 이상 두기도 한다. 실질적 법안심사는 바로 이 법안심사 소위원회에서 이루어진다. 상임위원회 전체 회의에 안건으로 상정되었으나 통과되지 않은 법안은 '머무르고 있다'는 뜻으로 '계류 중'이라고 말하는데, 대부분의 법안은 바로 이 법안심사 소위원회에 계류 중이다. 국회의원 임기가 끝날 때까지 '계류 중'인 채 심사가 이루어지지 않는 경우도 있다. 이런 법안들은 임기가 끝날 때 자동으로 폐기된다.

6단계

상임위원회 전체 회의 의결

4단계를 다시 떠올려 보자. 법안을 상임위원회에 처음 안건으로 올릴 때 전체 회의를 열었다. 법안을 통과시키려면 전체 회의를 또 열어야 한다. 즉, '상임위원회 전체 회의 → 법안심사 소위원회 → 상임위원회 전체 회의' 순서다. 법안심사 소위원회에서 심사를 마친 법안은 상임위원회 전체 회의에서 심사한 결과를 보고한다.

보고가 끝나면 사회를 보는 상임위원장이 의원들에게 "이의 없으십니까?" 하고 입장을 묻고, 특별한 반대 의견이 없다면 바로 의결한다. 상임위원장이 "가결되었음을 선포합니다"라고 말하고, 나무로 된 망치 형태의 의사봉을 땅땅땅 치면 통과되는 것이다. 만약 반대한다면 통과되기 전에 반대 토론을 신청할 수 있다. 10명 중 9명이 찬성하고, 내가 반대하는 단 1명이라면 법안 통과를 막을 수 없을 것이다. 하지만 발언을 통해 반대 입장을 기록에 남겨 놓는 것도 의미가 있다.

법제사법위원회 상정 및 의결

7단계

소관 상임위원회를 통과했다고 끝이 아니다. 모든 법안은 본회의를 열기 전 법제사법위원회(법사위)의 심사를 거쳐야 한다. '상임위원회→법제사법위원회→본회의' 순서다. 법사위 전체 회의에 안건으로 상정해 토론을 거치는 것이다. 이는 상임위원회 심사 과정과 동일하다. 전체 회의에서 별 이견이 없으면 바로 본회의 안건으로 상정되지만, 만약 법안에 대해 추가 심사가 필요하다고 말하는 의원이 있다면 법사위 안에 구성되어 있는 법안심사 소위원회에서 다시 논의하게 된다. 말이 비슷해 혼란스럽겠지만 심사 과정은 단순하다. '법제사법위원회 전체 회의→법제사법위원회 법안심사 소위원회→법제사법위원회 전체 회의' 순서다. 상임위원회 안에서 이뤄지는 과정을 한 번 더 거치는 셈이다. 법사위 법안심사 소위원회에서 통과되면 다시 법사위 전체 회의가 열리고, 심사보고를 거쳐 의결한다.

원래 법사위는 위헌 여부, 다른 법률과 충돌하는 부분은 없는지, 법안에서 사용한 용어가 적절한지 등을 심사하는 상임위원회다. 그런데 최근에는 법사위가 본회의 전 법안 통과를 좌우하는 문지기 역할을 하고 있다. 이미 상임위에서 심사를 마친 법률안인데, 법사위가 주어진 권한을 넘어 재검토하는 것은 '옥상옥'이라는 지적도 나온다. 지붕 위에 또 지붕이 있는 것처럼 불필요한 장치라는 의미다.

8단계

본회의 안건으로 상정

이제 우리에게 친숙한 장면이 나온다. 국회 마크를 배경으로 국회의장의 자리가 있고, 그 앞에는 부채꼴로 국회의원들이 앉는 좌석이 있다. 파란색 둥근 지붕이 있는 곳, 여기가 국회의사당 본회의장이다. 법사위를 통과하고 나면 비로소 법안이 본회의에 올라갈 자격을 갖는다. 복잡해 보이지만 법안 의결 순서는 회의마다 비슷하다. 안건을 상정하고, 법안을 심사하고, 심사한 결과를 보고하고, 토론을 거쳐 표결한다. 이렇게 심사를 마치고 상정된 원래의 법안을 원안이라고 한다. 원안을 바꾸고 싶다면 본회의에서 수정 법안을 낼 수 있다. 만약 수정안이 나오면 수정안부터 표결한다. 법안은 한 건 한 건 표결을 하는데, 의장이 투표를 종료하면 결과를 바로 확인할 수 있다.

본회의 무제한 토론

8.5단계

법안 의결은 다수결 원칙이 적용되기에, 의석을 많이 가진 정당이 유리하다. 그런데 의석을 많이 가진 정당이 일방적으로 법을 계속 통과시키려고 한다면 나머지 정당의 의원들은 어떻게 해야 할까? 의석이 적은 정당은 일방적 법안 처리를 막기 위해 무제한 토론을 신청할 수 있다. 2012년, 시간에 제약을 두지 않는 토론 제도 '필리버스터'가 재도입되었다. '합법적 의사 진행 방해'라고도 불리는 이 제도는 재적 의원 3분의 1에 해당하는 100명 이상의 국회의원이 서명한 요구서를 의장에게 제출하면 진행할 수 있다.

무제한 토론이 시작되면 토론이 끝날 때까지는 본회의를 끝낼 수 없다. 물론 법안 처리도 불가능하다. 오로지 해당 안건에 대한 토론만 할 수 있다. 정해진 회의 시간이 끝날 때까지 토론만 계속한다면 그 안건은 처리될 수가 없다. 하지만 우리나라는 해당 안건을 다음 회의에서 처리할 수 있도록 길을 열어 놓았다. 통과를 원천적으로 막지는 못하는 것이다. 단지 안건 처리를 한 번 연기하는 효과가 있을 뿐이다. 따라서 법안 통과를 막는 것 자체보다 시민들에게 반대 의견을 좀 더 강력하게 전달한다는 의미가 있다.

2016년 더불어민주당 소속 의원 108명이 〈국민보호와 공공안전을 위한 테러방지법〉에 대한 표결을 막고자 무제한 토론을 신청했다. 이 필리버스터는 38명의 의원이 참여한 가운데 2월 23일 오후 7시 5분부터 3월 2일 오후 7시 32분까지 9일에 걸쳐 무려 192시간 27분 동안 진행됐다.[15] 최근에는 2019년 12월 23일부터 25일까지 15명이 참여한 〈공직선거법 일부개정법률안〉 무제한 토론, 같은 해 12월 27일부터 28일까지 13명이 참여한 〈고위공직자범죄수사처 설치 및 운영에 관한 법률안〉 무제한 토론이 있었다. 두 토론 모두 0시를 기해 종결되었는데 임시회의 회기가 끝났기 때문이다. 무제한 토론은 회기가 끝났을 때, 더는 토론에 참여할 의원이 없을 때, 토론을 끝내자는 종결 동의가 제출되고 24시간이 지난 다음 재적 의원 5분의 3 이상이 찬성했을 때 끝낼 수 있다.

정부 이송

본회의를 통과한 법안은 행정부로 이송하고, 대통령은 15일 이내에 이를 공포해야 한다. 바로 이 단계에서 대통령은 거부권을 행사할 수 있다. 입법권은 기본적으로 국회가 갖지만, 대통령에게도 입법에 영향을 미칠 권한을 약간 나눠 준 것이다. 국회에서 통과된 법안에 동의하지 않을 경우 대통령은 이의서를 붙여 법안을 국회로 돌려보낸다. 그러면 국회는 그 법을 다시 심사해야 한다.

대통령이 돌려보낸 법안은 통과 요건이 더 까다롭다. 헌법에 따라 재적 의원 과반수의 출석과 출석 의원 3분의 2 이상의 찬성이 필요하다. 게다가 이번에는 이름을 적지 않는 무기명투표로 처리한다. 자기 자리에서 버튼을 눌러 찬성·반대 의견을 밝히는 것이 아니라 가림막이 쳐진 기표소에 들어가 투표한다. 찬성 몇 표, 반대 몇 표, 기권 몇 표로만 구분될 뿐 누가 어떤 입장을 냈는지 확인할 수 없다.

2015년 박근혜 전 대통령이 법안에 대한 거부권을 행사한 적이 있다. 행정부에 대한 국회의 통제 권한을 강화하는 〈국회법〉 개정안이었다. 국회로 되돌아온 법안에 대해 본회의에서 다시 투표했는데, 버젓이 본회의장에 있던 여당 의원들이 기표소로 가지 않았다. 이 때문에 찬반은커녕 '재적 의원 과반수 출석' 요건을 갖추지 못해 법 개정

이 무산되었다. 이 법은 2020년에야 개정된다.[16]

공포 및 시행

9단계까지가 국회의 시간이라면 10단계는 시민의 시간이다. 시민들
이 생활 속에서 바뀐 법의 적용을 받게 되는 것이다. 자동차는 어린
이 보호 구역에서 속도를 줄여야 한다는 것도, 그보다 더 전에 어린이
보호구역이 만들어진 것도, 누구나 학교급식을 먹을 수 있게 된 것도,
학교에서 체벌이 사라진 것도 모두 법의 제·개정과 공포·시행에 따
라 이루어진 일이다.

'공포'는 법안이 통과되었다고 알리는 것이고, '시행'은 바뀐 법안
의 내용이 적용된다는 의미다. 바뀐 내용이 적용되는 날짜는 법안마
다 다르다. 어떤 법안은 공포 후 즉시 시행된다. 법안이 통과된 바로
다음 날부터 적용된다는 것이다. 어떤 법은 시행에 준비가 필요하다.
3개월이나 6개월 뒤 또는 다음 해에 시행된다. 행정부가 제도를 마련
하는 데 시간이 걸릴 수 있기 때문이다. 또 사람들이 법이 바뀐 줄 모르
고 본의 아니게 위반하는 일을 막기 위해 바뀐 내용을 충분히 알릴 필
요도 있다.

긴긴 과정을 거쳐 드디어 마지막 단계에 다다랐다. 하지만 10단계

가 끝이 아니다. 법을 시행해 보면 생각지 못한 문제가 발생할 수 있다. 부족한 면이 있을 수도 있다. 아무리 잘 고치고, 잘 만들어도 법안은 완벽할 수 없다. 모든 법은 언제나 현재진행형이다. 그러므로 우리는 언제나 1단계로 돌아가야 한다.

▷ 시행되고 있는 법을 찾아볼 수 있는 사이트

　국회법률정보시스템 〈http://likms.assembly.go.kr/law〉

▷ 발의된 법안을 찾아볼 수 있는 사이트

　국회의안정보시스템 〈http://likms.assembly.go.kr/bill〉

▷ 국회에서 열리는 회의를 찾아볼 수 있는 사이트

　국회회의록 〈http://likms.assembly.go.kr/record/index.jsp〉

3 ~~~~~ 평등한 사회를 위한 국가 재정 운영

 나라의 가계부는 어떻게 짤까?

'우리 학교는 급식실이 없다. 교실에서 배식하고, 책상에 앉아 밥을 먹는다. 밥을 먹고 나면 냄새 때문에 겨울에도 창문을 열어야 한다. 공부하던 책상을 물티슈로 한 번 닦고 나서 먹지만 내 책상이 깨끗하다는 생각은 안 든다. 물티슈가 새까매진 것만 봐도 그렇다. 급식실이 따로 있었으면 좋겠다.'

가상의 일기다. 글쓴이는 급식실이 따로 없어 교실에서 식사를 하고 있다. 뜨거운 국과 밥을 옮기는 과정에서 사고가 발생할 위험도 있다. 급식실을 설치하고 싶다. 어떻게 해야 할까? 학생이 학교에 건의하면, 학교가 교육청에 예산을 요청한다. 교육청은 급식실이 필요한 학교를 조사하고, 어느 학교가 가장 시급한지 순서를 정한다. 예산이 배정되면 공사를 시작한다. 그런데 급식실만 필요할까? 과학실은? 컴퓨터실은? 체육관은? 운동장 정비는? 나라에서 줄 수 있는 예산은 제한되어 있으니 무엇이 가장 필요한지 판단해야 한다. 이처럼 나라의 재정을 어떤 곳에 얼마나 쓸지 정하는 것도 국회의 일이다.

기본적인 계획은 행정부가 짜서 국회에 제출한다. 예를 들어 10만 원의 용돈으로 3만 원은 옷을 사고, 3만 원은 간식을 사 먹고, 3만 원은 참고서와 만화책을 사고, 1만 원은 비상금으로 사용하겠다면서 행정부가 국회에 제출한다. 그러면 국회는 세 과목의 참고서 비용으로 3만 원은 부족할 것 같으니 5만 원으로 늘리고, 옷은 지난달에도 샀으니 2만 원으로 줄이고, 간식 비용도 2만 원으로 줄여 비상금 1만 원 포함 10만 원의 쓰임을 확정한다. 원래 행정부가 세웠던 계획과는 차이가 있지만, 국회가 심사한 대로 써야 한다. 내 마음대로 써서는 안 된다. 잘못 사용하면 결산심사에서 지적을 받는다.

10만 원은 어떻게 마련할 것인가? 이것도 예산 계획에 포함해야 한다. 원래 3만 원이었던 용돈을 4만 원으로 올려 달라고 요청하고, 집안일을 도와 3만 원을 마련하고, 할머니에게 심부름과 안마를 해드리고 3만 원을 받아 10만 원을 채울 예정이다. 이 계획 역시 국회가 심사한다. 원래 받던 용돈 3만 원은 올릴 수 없으니 그대로 유지하고, 할머니에게 심부름과 안마를 해드리는 것은 좋

지만 할머니 사정을 고려할 때 3만 원은 너무 많으니 1만 원으로 줄여서 받고, 집안일을 더 많이 도와 나머지 6만 원을 마련하라고 결정할 수 있다. 아니면 10만 원은 애초 너무 많은 액수이니 8만 원으로 줄이고 지출 계획도 그에 맞춰 조정하도록 할 수 있다. 행정부가 예산에 관한 계획을 세워 제출하면 국회는 이렇게 행정부가 세운 수입과 지출 예산안을 심사하여 확정한다. 예산심사는 1년 단위로 이루어지고, 1월 1일부터 12월 31일을 한 회계연도라고 한다.

행정부의 수입은 세금이다. 즉, 예산심사는 세금을 어디서 얼마나 걷을지, 어디에 얼마나 쓸지 그 규모와 사용처를 정하는 일이다. 연필이 열 자루 있는 학생과 한 자루도 없는 학생이 있을 때, 아무리 선생님이라도 많이 가진 학생의 연필을 강제로 빼앗아 연필이 없는 학생에게 줄 수는 없다. 하지만 연필 한 자루를 살 때마다 100원씩의 세금을 내도록 하면, 그 세금으로 연필을 구입해 연필이 필요한 학생에게 나눠 줄 수는 있다. 고급 만년필을 구입하는 사람에게 조금 더 많은 세금을 내도록 해서 모든 학생에게 공평하게 한 자루씩 연필을 지급할 수도 있다. 연필이 없어서 공부를 못하는 학생이 생기지 않도록 정부가 개입하는 것이다.

많은 나라가 공부하고 싶은 사람이라면 누구나 가정 형편과 상관없이 상급 학교에 진학할 수 있도록 교육 제도를 마련하고 있다. 그 덕분에 교육비가 거의 들지 않는 나라도 있다. 무상교육의 바탕은 바로 세금이다.

평등한 사회는 저절로 만들어지지 않는다. 정부는 교육·복지·의료 분야에 예산을 투입해 시민의 생명과 안전을 보호하고 소득을 재분배해 평등한 사회를 만드는 데 기여할 수 있다. 이게 국가 재정의 기능이다. 국가 재정은 수입과 지출을 적절히 맞추는 일에 머물지 않는다. 경제 전체에 미치는 영향이 크며, 장기적 전망까지 고려해야 하기 때문이다. 국가 재정은 우리 사회가 어떤 방향으로 나아갈지를 정하는 중요한 지표이기도 하다.

평소보다 더 적극적 개입을 해야 하는 상황도 있다. 가뭄이나 홍수, 지진 같은 자연재해는 물론, 코로나19와 같은 감염병 확산 상황도 그렇다. 코로나19 발생 이후 사회적 거리두기 정책으로 생계에 어려움을 겪는 사람들이 생겼다. 가게 문을 닫거나 일자리를 잃기도 했다. 먹고살 길이 막막한 사람들, 큰 피해를 입은 사람들을 위해 정부는 긴급 재정을 투입해야 한다. 정부가 마땅히 해야 할 역할이다.

가계부 점검은 필수! 예산심사와 결산심사

예산안 심사도 법안심사 과정과 비슷하다. 부처별로 심사하기 때문에 해당 부처를 담당하는 소관 상임위원회에서 먼저 살핀다. 각 상임위원회 안에 구성된 예산심사 소위원회에서 예산을 늘리고(증액) 줄이는(감액) 것과 관련해 심사를 마치면 '예비 심사 보고서'를 작성해 국회의장에게 보고하고, 의장이 예산·결산을 심사하기 위해 별도로 구성된 특별위원회에 보내는데 바로 예산결산특별위원회(예결특위)다. 예결특위에서 종합 심사를 한 후 본회의에서 의결하면 확정된다.

〈국회법〉에 따라 예결특위는 각 상임위원회의 심사 내용을 '존중'해야 한다. 존중하라고 했지, 반영하라고 하지는 않았기에 상임위의 심사 결과를 반드시 수용할 필요는 없다. 예산에 대한 실질적 심사는 국회의원 50명으로 구성된 예결특위에서 이루어지며 각 상임위원회 심사는 사전 검토라고 할 수 있다. 다만 상임위원회에서 감액한 내역은 꼭 반영해야 한다. 예결특위 마음대로 다시 늘릴 수 없다. 만약 상임위원회에서 깎은 금액을 다시 늘리고 싶다면 해당 상임위원회의 동의를 받아야 한다.

예산심사는 11월 30일까지 마쳐야 한다. 정해진 날짜까지 심사를 끝내지 못하면 행정부가 제출한 예산안 그대로 본회의에서 표결해야 한다. 이를 '예산안 자동부의제도'라고 한다. 회계연도가 시작하는 1월 1일부터 행정부가 돈을 쓰는 데 차질이 없도록 심사 날짜를 정해놓은 것이다.

예산안이 통과되면 행정부는 예산을 집행한다. 예산을 집행할 때는 법률에 정해진 대로 세금을 걷고, 편성된 목적과 금액의 한도 안에서 지출해야 한다. 그런데 갑자기 일이 생긴다면 어떻게 해야 할까? 이를테면 친한 친구가 입원해 병문안을 가야 하는데 친구가 좋아하는 마카롱을 사 가고 싶다. 이미 세워 놓은 용돈 10만 원의 수입과 지출 계획에는 없던 일이 생겼으니 2만 원을 긴급 편성해야 한다. 2만 원을 어떻게 마련하면 좋을까?

1만 원은 반려견 산책을 열 번 하는 대가로 부모님께 받기로 했다. 1만 원은 다음 달 용돈을 받으면 갚기로 하고 친구에게 빌렸다. 정리하자면 용돈은 총 12만 원으로 늘어나고, 지출 또한 12만 원으로 늘어난다. 부채 1만 원이 새로 생겼다. 이러면 세입과 세출이 달라지기 때문에 국회에서 다시 심사를 받아야 한다.

이미 확정된 예산을 변경하는 것을 추가경정예산안, 줄여서 '추경'이라고 한다. 추경은 전쟁이나 대규모 재해, 경기 침체나 대량 실업, 대내외 여건의 중대한 변화, 법에 따라 지출되는 금액의 큰 변화, 이렇게 네 가지 경우에만 쓸 수 있는 예산이다. 2021년 코로나19로 피해를 입은 소상공인에게 지급된 긴급재난지원금도 추경을 통해 마련된 것이다.

추경으로 편성된 금액은 반드시 용도에 맞게 써야 한다. 친구가 일찍 퇴원하는 바람에 결국 병문안을 가지 못해 2만 원이 남았다고 해서 그 돈으로 내 옷을 사서는 안 된다. 그럼 마카롱 대신 케이크를 사 주었다면 그건 괜찮을까? 품목을 변경할 수는 있지만 결산심사에서 지적을 받을 수 있다.

결산심사는 예산을 제대로 잘 썼는지 심사하는 것이다. 12만 원의 용돈에서 세 과목의 참고서 비용으로 5만 원을 책정했었다. 지출을 확인해 보니 두 과목의 참고서만 사고, 나머지는 간식 비용으로 썼다. 방과 후 축구를 했더니 너무 배가 고프고 목이 말라 어쩔 수 없었다는 주장이다. 물가나 기존의 간식 소비 패턴을 고려해 볼 때, 애초에 정한 간식비가 너무 적었다. 2만 원으로는 부족할 수밖에 없다. 간식비 현실화가 필요하다. 그런데 참고서를 사지 않은 과목의 성적이 좋지 않다. 참고서가 없다는 핑계로 공부를 하지 않은 것이다. 애초 계획대로 쓰지 않았고, 그 결과 성적이 떨어졌으며, 간식비는 부족할 것이 뻔했음에도 적게 잡았다. 결산심사에서 이 모든 상황을 지적하고 해결 방법을 찾아야 한다.

결산은 1년간의 국가 수입·지출을 정리한 것으로, 행정부는 이를 국회에 제출해 예산 집행 결과를 승인해 달라고 요청한다. 결산심사 결과, 법을 어겼거나 부당한 사항이 있으면 국회는 행정부에 시정을 요구할 수 있다. 시정 요구를 받은 기관은 그 사항을 즉시 처리하고 국회에 보고해야 한다. 더 깊이 있는 조사가 필요한 사안에 대해서는 감사원에 감사를 요구할 수 있다. 어디에 쓸지 정하는 것도 중요하지만 제대로 썼는지 평가하는 것도 못지않게 중요하다.

한편 우리나라의 한 해 예산 규모는 2021년 기준 558조 원에 이른다. 이 예산으로 정부는 다양한 사업을 추진하는데, 그중에는 공항을 만들거나 철도를 놓는 사업처럼 재정이 대규모로 투입되는 경우도 있다. 이용할 사람이 많지 않은 지역에 이런 시설을 건설하면 정부는 큰 손해를 보게 된다. 그래서 예산이 많이 들어가는 사업은 사전에 정책적·경제적 타당성을 조사하고 검증하도록 하고 있다. 이를 예비타당성조사라고 하는데, 총 사업비가 500억 원 이상 들어가고 정부 지원금이 300억 원 이상인 신규 사업을 대상으로 실시한다. 예산을 낭비하지 않도록 하는 안전장치로 만들어진 제도다. 1999년 김대중 정부 때 도입된 것으로, 한국개발연구원(KDI)에 따르면 도입 이후 10년간 이 제도를 통해 144조 원의 예산을 절감하는 효과를 거뒀다고 한다.[17]

2021년 가덕도 신공항 사업을 추진하면서 예비타당성조사를 면제해 논란이 되었다. 수십조 원이 소요될 것으로 예상되는 가덕도 신공항 사업은 한번 건설하면 수십 년 이상 영향을 미치는 그야말로 백년대계 국책 사업이다. 따라서 타당성을 더욱 신중하게 검토했어야 한다. 예비타당성조사는 무분별한 재정 지출을 막는 최소한의 안전장치 역할을 해 왔다. 예비타당성조사를 유명무실하게 만들면 안전장치가 사라지는 것이고 그 영향은 현 세대만이 아니라 미래까지 미친다.

 예산심사의 기준은 어디에 두어야 할까?

《이상한 나라의 앨리스》에서 길을 잃은 앨리스가 체셔 고양이에게 묻는다. "어느 길로 가야 하는지 가르쳐 줄래?" 체셔 고양이는 이렇게 답한다. "그건 네가 어디로 가고 싶은가에 달려 있어."[18] 예산심사를 할 때도 마찬가지다. 어느 쪽으로 가고 싶은가? 기준과 방향이 중요하다.

예산은 많은 경우 '보편이냐, 선별이냐'를 두고 갈등한다. 모두에게 지급하는 게 좋을까? 아니면 꼭 필요한 곳에 더 많이 지출하는 게 나을까? 예를 들어 100만 원의 돈이 있고, 10명의 사람이 있다고 가정해 보자. 그중 2명은 매우 가난하다. 100만 원을 어떻게 쓰는 게 좋을까? 10명 모두에게 10만 원씩 나눠 줄 수도 있고,

가난한 2명에게만 50만 원씩 줄 수도 있다. 첫 번째 방식이 보편적 지급이고, 두 번째는 선별적 지급이다.

경제 사정이 넉넉한 사람에게 10만 원은 용돈에 불과하지만, 형편이 어려운 이에게 50만 원은 절실한 생계비가 될 수 있다. 사회적 효용성을 고려한다면 필요한 사람을 선별하여 예산을 투입하는 게 바람직하다. 하지만 당사자가 자신의 가난을 증명해야 한다는 치명적 단점이 있다. 그 과정에서 어쩔 수 없이 마음에 상처를 입게 된다. 또 선별 기준을 마련하고 선별 절차를 운영하기 위한 행정 비용도 발생한다.

보편적 지급은 그런 문제가 덜하다. 사회 구성원 모두가 혜택을 누릴 수 있어 시민들이 이러한 복지 정책을 잘 받아들이고 지지할 가능성도 높다. 둘 중 어느 하나가 절대적으로 옳다고 할 수 없다. 어느 쪽으로 가고 싶은가에 달렸다.

2016년 저소득층 청소년들이 생리대를 살 형편이 되지 않아 신발 깔창이나 휴지심, 수건 등을 대신 이용한다는 언론 보도가 나와 사회적으로 큰 파장을 일으켰다.[19] '깔창 생리대'의 충격은 온 사회를 뒤흔들었고, 생리대를 지원해야 한다는 여론이 커졌다. 정부는 긴급 예산을 편성해, 만 11~18세 저소득층 가정의 여성 청소년에게 생리대를 지원했다. 처음엔 생리대를 제공하다 나중에는 일정액에 해당하는 포인트를 카드에 넣어 직접 구입하는 방식으로 바뀌었다.

그런데 2019년에 살펴보니 전체 지원 대상 13만 명 중 10만 명만 신청했다. 3만 명은 신청도 하지 않은 것이다. 이런 제도가 있는 줄 몰라서 신청을 못 하기도 하고, 카드를 신청하고 발급받는 절차가 번거로워 안 하기도 한다. 또 저소득층이라고 낙인찍히는 게 싫어서 신청하지 않는 경우도 있다. 한번 생각해 보자. 월경을 시작한 여성이라면 누구나 매달 생리대가 필요하다. 저소득층에게만 필요한 용품은 아니다. 만약 11~18세 여성 청소년 모두에게 지급한다면 어떨까?

국회예산정책처에 따르면, 2022년부터 해당 연령의 여성 청소년 175만 3,000명 모두에게 생리대를 지원하려면 2,480억 원이 필요하다. 반면 현행 제도를 유지할 경우 대상자는 10만 4,000명이고 약 133억 원이 소요된다. 예산을 19배 증액해야 한다.[20] 이런 상황에서 저소득층에게만 지급하는 것이 나을까, 아니면 모든 사람에게 지급하는 것이 나을까? 앞서 말한 대로 이는 재정 배분과 관련된 가장 기본적 논쟁 가운데 하나다.

아동 수당을 도입할 때도 비슷한 논란이 있었다. 아동 수당은 만 7세 미만 아동에게 한 달에 10만 원씩 지급하는 제도인데, 처음부터 이런 꼴을 갖추었던 것은 아니다. 2018년 도입 당시에는 열 가구 중 아홉 가구, 만 6세 미만 아동을 대상으로 했다. 고소득자까지 이 혜택을 누릴 필요는 없다는 주장에 따라 소득 하위 90%만 대상으로 한 것이다.

그런데 소득 상위 10% 가구를 구분하기 위해서는 아동이 있는 모든 가구의 소득과 재산을 조사해야 했다. 대상자를 구분하기 위해 들어가는 행정 비용이 지나치게 많았다. 여당과 야당은 다시 논의했고, 그 결과 2019년부터 만 7세 미만 전체 아동에게 지급하게 되었다.

사실 90%에게 지급하든 100%에게 지급하든 정부가 지출하는 돈은 큰 차이가 없다. 행정 비용이 그만큼 추가되기 때문이다. 이 둘 중 어떤 안을 선택할 것인지는 결국 가치의 문제다. 아동 수당의 목적은 아이를 기르는 데 따르는 경제적 부담을 줄이고 건강한 성장 환경을 만들어 아동의 기본적 권리와 복지를 증진하는 것이다. 이 전제 아래서 전체 아동에게 보편적으로 지급해야 한다고 보는 의견과 고소득자에게 정부 예산을 투입하는 것은 불필요하다고 보는 의견이 있는 것이다.

이처럼 예산을 둘러싼 논쟁을 보면 정당 사이의 입장이 어떻게 다른지 확인할 수 있다. 또 다른 정책을 한번 떠올려 보자. 태어나서 청소년이 되기까지 의료비를 무료로 하는 것은 어떨까? 만 18세 미만 약 850만 명의 의료비를 전액 지원할 경우 필요한 1년 예산은 약 2조 6,000억 원이다.[21] 1인당 평균 31만 원가량이 들어간다고 한다. 적지 않은 규모다. 이만한 예산을 투입할 가치가 있는지 깊이 있는 논의가 필요하다.

아동·청소년기의 건강은 평생의 건강을 좌우하는 밑바탕이 된다. 이 시기에 좋은 습관을 만들고, 질병에 예방적으로 대응해 건강한 몸과 마음을 갖게 된다면 장기적으로 개인과 사회에 도움이 될 것이다. 만약 아동·청소년기에 연 30만 원의 예산을 투입해 성인이 되었을 때 들어가게 될 의료비 지출을 줄일 수 있다면 정부 입장에선 더 유리한 셈이다. 사실 많은 나라가 아동은 의료비를 내지 않도록 하거나 대폭 줄여 준다. 스웨덴은 20세 미만, 독일은 18세 미만, 프랑스는 16세 미만 환자의 경우 병원비가 거의 무료다.[22] 그러니 큰 병에 걸려도 병원비 걱정은 할 필요가 없다.

그런데 여기서 '도덕적 해이'가 발생할 수 있다는 점이 논란이 된다. 공짜라면 배불러도 계속 먹고 꼭 필요하지 않은 것도 받아 쓰는 심리를 고려하면 의료비가 무료일 경우 병원에 더 많이 다니게 될 것이라는 주장이다. 근거가 아주 없는 이야기는 아니다. 자동차 사고가 났을 때 보상금이나 보험금을 받기 위해 아프지 않으면서도 진료를 받는 '가짜 환자'도 있으니 말이다.

그러나 현재 논점은 대상이 아동이라는 점이다. 병원비가 공짜라고 해서 보호자가 아프지 않은 아이를 억지로 입원시킬까? 아이들이 주사 한 대로 되는데도 일부러 열 대를 맞으려 할까? 약을 한 봉 먹을 것을 두 봉 먹을까? 그럴 리 없다. 이런 지적이 타당하지 않다는 것은 앞서 제도를 시행한 나라들에서 이미 검증된 바 있다.

아동 의료비 지원은 아동의 건강을 정부가 책임지겠다는 약속이다. 저출산 시대에 아동 양육을 개인에게 떠맡기지 않고 사회가 함께하겠다는 정부의 의지를 보여 주는 것이기도 하다. 이처럼 예산은 단순히 돈의 쓰임이 아니라 정부의 정책 방향을 보여 주는 지표가 된다.

예산심사의 기본 원칙은 불필요한 예산은 줄이고, 필요한 예산은 늘리는 것이다. 여기에 반대할 사람은 없다. 다만 '무엇이 필요한가'에 대한 입장이 다를 수 있다. '어느 정도가 충분한가'에 대해서도 마찬가지다. 어떤 사람은 노인을 위한 의료비 지원이 중요하다고 생각하고, 어떤 사람은 영유아 지원이 더 많아져야 한다고 생각할 수 있다. 넓은 공원이 집 근처에 있어야 한다는 사람도 있고, 공원보다 집을 더 많이 지어야 한다고 주장하는 사람도 있을 것이다.

어떤 경우는 모두에게 공평해야 하고, 어떤 경우는 특별한 지원을 강화해야 한다. 예산이 적절히 배분되고 효과적으로 쓰이도록 다양한 의견을 조율하는 것이 예산심사다. 국회는 행정부가 제출한 예산의 심사와 결산 과정을 통해 사업의 성과를 평가하고 또 투명하게 집행되었는지 점검하며 재정이 건전하게 운영되고 있는지 살펴보는 역할을 한다.

4 ～～～～ 행정부에 대한 감시와 견제

 의정 활동의 꽃, 국정감사와 국정조사

법을 만들고 예산을 심사하는 것과 더불어 행정부에 대한 감시와 견제도 국회의 중요한 기능이다. 국정감사 및 국정조사는 국정 운영의 실태를 파악하고 잘못된 부분을 지적해 고치도록 하는 제도다. 감사와 조사는 비슷하면서도 다르다. 국정감사는 매년 정기적으로 진행하고 국정조사는 필요한 경우에 실시한다.

국정감사는 박정희 전 대통령이 장기 집권을 하려고 만든 유신 헌법에 의해 1972년 폐지되었다가 민주화 직후인 1987년에 부활했다. 민주화의 산물인 국정감사가 정부가 바뀔 때마다 제 기능을 못하게 되거나 폐지되지 않도록 〈국회법〉과 〈국정감사 및 조사에 관한 법률〉로 그 권한을 보장하고 있다.

국정감사는 '의정 활동의 꽃'이라고 부르는데, 그만큼 시민들의 관심이 집중되기 때문이다. 의원들이 행정부를 상대로 송곳 같은 질의를 하는 것을 보면 '과연 시민의 대표구나' 싶어진다. 국정감사에서 지적한 사항이 정책과 제도 개선으로 이어지는 것이 가장 바람직하다.

2020년 국정감사에서 이은주 의원은 동물 학대 사건에 대한 수사 매뉴얼이 실효성이 없다고 지적했다. 동물 학대 신고가 들어오면 경찰이 출동해 학대 여부를 판단하고 조치를 취하는데, 이때 참고하는 지침서가 〈동물 학대 사범 수사 매뉴얼〉이다. 그런데 이 매뉴얼이 단순히 관련 법령을 나열하는 데 그치고 있어 실제 수사에 참고하기 어렵고 내용이 부실하다는 것이 이 의원의 지적이었다. 당시 경찰청장은 "전적으로 공감하고 충분하게 검토해 매뉴얼에 반영하겠다"라고 답했고, 이듬해 경찰청은 수사 매뉴얼을 〈동물 대상 범죄 벌칙 해설〉로 전면 개편한다. 국정감사에서 했던 질의가 바로 반영된 것이다. 이로써 동물 학대에 대한 대처가 더 촘촘해지게 되었다.

비록 당장 정책과 제도 개선으로 이어지지는 못하더라도 문제 제기만으로 의미를 갖는 경우도 있다. 예를 들어 의무교육 기관인 중학교까지는 시험 대비용 사교육을 중지해야 한다는 주장의 경우, 한 번의 질의가 곧바로 제도 개선에 반영되기는 어렵다. 하지만 사교육이 번창할수록 사회 불평등이 심화한다는 점을 고려하면 지속적 문제 제기로 공론화하는 과정이 필요하다. 국정감사를 통해 특정 사안에 대한 사회적 관심을 불러일으키고 국회에서 논의가 이루어지도록 하는 것도 국회의원의 중요한 책무다.

국정감사에 대한 언론의 관심이 높은 만큼 몇몇 의원은 주목받고 싶은 욕심에 무리수를 두기도 한다. 2018년 정무위원회 국정감사 회의장에는 벵골 고양이가 등장했다. 한 국회의원이 대전동물원에서 탈출한 퓨마에 대해 정부가 과잉 대응을 한 것이 아니냐는 질의를 하기 위해 퓨마를 대신해 벵골 고양이를 데려온 것이다. 그는 그날이 남북정상회담이 열리는 날이었는데 퓨마의 탈출 때문에 정상회담이 사람들의 관심사에서 밀리자 국가안전보장회의(NSC)를 급히 소집한 것 아니냐며 질의했다. 홍남기 당시 국무조정실장은 NSC 소집은 사실이 아니라고 답변했지만, 이날 대부분의 언론에는 질의 내용과 아무 관련이 없는 벵골 고양이 사진이 실렸다. 질의 시간 내내 철창에 갇혀 낯선 장소에 있어야 했던 고양이는 무슨 죄란 말인가? 실제로 고양이를 국감장에 데려온 것은 동물 학대라는 비판도 일었다.

그런가 하면 2021년 환경부 국정감사에서는 한 국회의원이 환경오염의 심각성을 질의한다며 물고기의 죽음을 눈앞에서 보여주는 일도 있었다. 그 의원은 두 개의 수조를 준비해 한쪽에는 새만금 공사 현장에서 떠온 물을, 다른 쪽에는 정부세종청사 인근

금강에서 떠온 물을 담았다. 양쪽에 미꾸라지와 금붕어를 넣자 금강 물에 넣은 물고기는 괜찮은 반면, 새만금 공사 현장의 물에 들어간 물고기들은 고통에 몸부림치다 10여 분 뒤 죽었다. 그 의원은 리트머스 시험지를 넣어 이 물이 알칼리성이 강하다는 설명을 덧붙였다. 동물보호단체는 강하게 문제 제기했다. 굳이 물고기를 고통스럽게 죽이지 않고도 리트머스 시험지만으로도 충분히 의견을 개진할 수 있었다는 것이다.[23] 언론의 관심을 끌기 위해 생명에 대한 존중은 뒷전에 두고 극적 효과만을 노려서 발생한 일이다. 정치가 선정적이 되면 진정한 변화를 이끌어 내기 어렵다. 따라서 정치에 관한 언론 보도를 볼 때도 걸러서 보는 힘을 길러야 한다.

한편 국정조사는 〈국정감사 및 조사에 관한 법률〉에 따라 재적의원 4분의 1 이상의 요구가 있을 때 특별위원회 또는 상임위원회에서 특정 사안에 관해 조사하는 것이다. 국정조사는 어느 한쪽이 일방적으로 개최할 수 없고 여야 합의가 필요하다. 2016년에 실시된 '박근혜 정부의 최순실 등 민간인에 의한 국정농단 의혹 사건 진상 규명을 위한 국정조사'가 여기 해당한다. 국회는 국정조사와 함께 11월 17일 〈박근혜 정부의 최순실 등 민간인에 의한 국정농단 의혹 사건 규명을 위한 특별검사의 임명 등에 관한 법률안〉(특검법)을 통과시켜 특검 수사를 실시하도록 했으며, 2016

년 12월 9일 박 전 대통령에 대한 탄핵소추 의결서를 가결했다.

탄핵소추안을 의결하기 위해서는 재적 의원 과반수의 발의, 국회 재적 의원 3분의 2 찬성이 필요하다. 박근혜 전 대통령 탄핵소추안은 국회의원 300명 중 171명 발의, 234명의 찬성으로 가결됐다. 발의는 야당만으로도 가능하지만, 통과는 야당 단독으로는 어렵다. 탄핵소추안의 가결은 당시 여당이었던 보수 정당 의원들의 동조로 가능했다.

 후보자를 검증하라, 인사 청문회

행정부에 대한 감시와 견제 기능에서 인사 청문회도 빼놓을 수 없다. 이 사람이 국무총리에 적합한 인물인가, 이 후보가 장관을 할 만큼의 자질을 갖춘 사람인가 살피는 것이 인사 청문회다. 인사권은 대통령에게 있지만, 그 사람이 직무를 수행하기에 적합한지, 결격 사유가 없는지는 국회가 검증한다.

현재 인사 청문 대상은 국무총리와 각 부처 장관, 헌법재판소장, 대법관 등 63명이다. 헌법에 따라 국회의 동의가 필요한 대법원장, 헌법재판소장, 국무총리, 감사원장, 대법관과 국회에서 선출하는 헌법재판소 재판관, 중앙선거관리위원회 위원은 인사청문특별위원회를 별도로 꾸려서 인사 청문을 진행한다. 이들은 대통령이 임의로 임명할 수 없으며 국회 동의가 꼭 필요하다. 장관 등 나머지 대상자는 상임위원회에서 인사 청문을 실시하고 경과 보고서를 채택하는데 대통령이 수용할 의무는 없다. 국회에서 반대하더라도 임명을 할지 말지 결정하는 것은 대통령 권한이다. 하지만 국회에서 반대한다면 국정 운영에 큰 부담이 되기 때문에 국회의 동의를 얻기 위해 노력한다. 인사 청문회는 대통령과 입법부가 권한을 나누고 견제를 통해 더 건강한 민주주의를 만들어가는 과정이다.

인사 청문회에서는 후보의 도덕성 검증과 함께 앞으로 펼칠 정책에 관해 질문한다. 정치·사회·경제·교육·문화 등 분야를 특별히 가리지는 않지만, 장관이나 대법관, 선거관리위원회, 국가인권위원회 위원 후보자에게는 주로 해당 분야의 전문성이나 정책적 입장을 확인하고, 국무총리 후보자에게는 좀 더 종합적인 질문을 한다. 남북 관계부터 저출산 대책까지 질문 영역은 광범위하다.

2020년에 진행된 국무총리 인사 청문회에서는 삼권분립에 관한 논란이 발생했다. 제20대 국회 전반기 국회의장을 역임한 정세균 의원이 국무총리 후보자가 되었기 때문이다. 입법부의 수장이었던 사람이 대통령을 보좌하고 행정부를 책임지는 역할을 맡아도 될까? 야당은 삼권분립 훼손이며 입법부의 권위를 침해한 것이라고 주장했다. 또 국회의장은 대통령에 이어 국가 의전 서열 2위인데 국무총리는 대법원장, 헌법재판소장 다음으로 5위라는 점을 들어 의전 서열을 역행했다고 비판했다.

이에 대해 정세균 후보자는 "삼권분립은 기능과 역할의 분리일 뿐, 인적 분리를 의미하지 않는다고 생각합니다. 현행 헌법 제43조 및 국회법 제29조는 국회의원의 총리 겸직을 허용하고 있습니다. 그럼에도 불구하고 그간의 우려와 지적에 대해 다시 한번 겸허하게 돌아보겠습니다"라고 답했다.[24] 이전에는 생각지 못했던 질문과 답변이다. 이런 경우가 없었기 때문이다.

인사 청문회의 특성상 질문은 후보자 개인에게 초점이 맞춰진다. 정책에 관한 질문을 던지는 것에는 누구도 이의를 제기하지 않지만, 도덕성에 관한 검증은 매번 논란이 된다. 신상 털기에서 벗어나야 한다는 주장도 있고, 청와대의 사전 검증을 강화해야 한다는 의견도 있다.

어떤 사람이 고위 공직자가 되어야 할까? 부동산 투기를 하거나 자녀의 학교 진학 등을 위해 가짜로 주소지를 옮긴 사람, 남의 논문을 표절한 사람, 병역을 기피하거나 세금을 내지 않은 사람은 행정부를 이끌기 어려울 것이다. 시민들이 일반적으로 가지고 있는 고위 공직자에 대한 도덕성 기준에 못 미치기 때문이다. 이처럼 결격 사유가 있는지 따져 묻는 것도 인사 청문회의 기능이지만, 그보다 중요한 것이 있다. 인사 청문회는 질의와 답변을 통해 더 나은 정부 운영 방향을 찾아가는 과정이 되어야 한다는 점이다. 그랬을 때 인사 청문회의 위력도 더 커질 수 있다. 고위 공직자는 정부 운영에 책임을 질 수 있는 사람, 책임질 자세를 갖춘 사람이 되어야 한다.

지금까지 국회의 역할에 대해 살펴봤다. 국회는 상임위를 구성하여 법을 제·개정하고, 예·결산 심사를 하고, 국정감사·조사 및 인사 청문회를 통해 행정부를 감시하고 견제한다. 동시에 다양한 사회적 갈등을 통합하고, 조정하여 현재보다 나은 미래를 만들어가기 위해 노력한다. 국회가 제 역할을 할 때 사회는 안정되고 시민들의 삶은 편안해진다. 우리에게 필요한 것은 더 확실한 평등과 더 많은 자유, 더 공정한 사회다. 이를 위해서는 시민의 역할도 중요하다. 국회가 시민으로부터 위임받은 권력을 잘 사용하는지 관심의 끈을 놓지 않아야 한다.

4장

정치는
오늘부터!

1 〰〰〰 청소년은 어디서 어떻게 정치를 할까?

 나도 정치인이 될 수 있을까?

청소년은 국회의원이 될 수 있을까? 2021년 〈공직선거법〉이 개정되면서 청소년 의원 탄생이 가능해졌다. 국회의원 출마자 연령 기준은 1948년 만 25세로 정해진 이래 73년 동안 변화가 없었는데 드디어 바뀐 것이다. 2022년부터 만 18세 이상이면 국회의원은 물론, 지방자치단체장, 지방의회 의원으로 출마할 수 있다. 투표를 할 수 있는 연령 기준이 2020년 제21대 국회의원 선거부터 만 18세로 바뀐 데 이은 변화다. 이로써 역사상 처음으로 피선거권, 선거권 연령이 만 18세로 똑같아졌다. 참고로 대통령 출마 기준은 40세로 기존과 동일하다. 대통령은 다른 선출직과 달리 연령 기준이 헌법에 명시되어 있어 〈공직선거법〉 개정으로 바꿀 수 없다. 개헌을 해야 한다.

반가운 변화에 따라 2022년 지방의회 선거에 첫 10대 후보자가 등장했다. 만 20세 미만 출마자는 전국적으로 광역의원 비례대표 후보자 4명, 기초의회 후보자 2명, 기초의원 비례대표 후보자 1명 등 7명이었다. 이중 경기도 고양시의원 비례대표로 나선 2002년 11월생 후보자가 당선되었다. 최초의 10대 의원이다.

다른 나라는 어떨까? OECD 국가 대부분은 국회의원 출마 연령이 18세 또는 21세다. 과거 우리와 같이 25세를 기준으로 하는 나라는 미국, 일본, 그리스, 이탈리아 정도다. 특히 젊은 정치인들이 활발히 활동하고 있는 나라는 출마 연령이 18세인 경우가 많다. 영국, 프랑스, 독일, 스웨덴, 덴마크, 뉴질랜드, 호주, 캐나다 등이 여기 속한다.[1] 유럽의회에 20대 의원이 등장할 수 있는 건 유럽의회 소속 국가들이 청소년의 정치 활동을 충분히 보장해 주기 때문이다. 이 나라들에서는 많은 정치인이 청소년기부터 정당에 가입해 활동하다 지방의회 의원, 국회의원을 거쳐 장관도 하고 총리도 한다. 우리도 선거권, 피선거권 연령이 낮아진 만큼 정치 활동을 할 수 있는 기회가 충분히 보장되어야 한다. 지금 우리에게 부족한 것은 제대로 된 정치 활동을 준비할 수 있는 여건이다.

스웨덴의 정치인 구스타브 프리돌린은 1983년생이다. 그는 경제 위기 상황에서 정부가 교사 수를 줄이고, 학급당 학생 수를 늘리는 것을 보고 문제의식을 느껴 정당 활동을 시작했다고 한다.

만 11세의 일이다.[2] 구스타브는 고등학생 시절 녹색당 청년 조직의 대변인 활동을 했으며 19세에 국회의원으로 당선되었다.[3] 그가 31세에 스웨덴 역사상 최연소 교육부 장관이 됐을 때 아무도 나이를 두고 이의를 제기하지 않았다. 그에게는 이미 20년의 정치 경력이 있었기 때문이다.

우리나라에서 만 11세 청소년이 정당에 가입하고 정치를 하겠다고 하면 주변에서 어떤 반응을 보일까? '학생 때는 공부나 해라' '너무 어려서 정치에 대해 잘 모른다'와 같은 말을 듣거나, '더러운 정치판에 왜 관심을 갖느냐' '선생님이나 가족 중에 사회운동을 하는 사람이 있느냐' 하는 질문을 받기도 할 것이다. 사회에 지나친 관심을 보이는 별종 취급을 당하거나 사사건건 문제를 제기하는 까다롭고 예민한 사람으로 여겨질 수도 있다. 청소년을 미성숙한 인격체로 보는 시각, 정치에 대한 불신, 사회참여를 불온하게 여기는 태도가 결합된 반응이다.

청소년은 자신의 문제를 누구보다 잘 아는 존재이며 정치는 그 문제를 해결하는 하나의 통로다. 청소년의 정치 활동을, '보호'를 명분으로 막는 것은 사회 구성원의 온당한 권리를 제한하는 일이다. 범죄와 같은 위험으로부터 보호해 주는 것과 권리를 제한하는 것은 엄연히 다르다.

한편 청소년들의 정치 참여가 중요하다는 인식이 확산하면서

내 손으로 만드는 내 삶을 위한 정치

우리 사회에서도 다양한 청소년 기구가 만들어졌다. 대표적 기구로 청소년특별회의, 청소년운영위원회 등이 있다. 2002년 월드컵을 계기로 만들어진 청소년특별회의는 전국 규모의 기구로 17개 시도별 청소년 대표로 구성된다. 청소년 정책 과제를 정부에 제안하는 활동을 하며 전국 단위 회의, 지역 단위 정기 회의를 진행한다. 아동·청소년 성범죄자 신상 공개 제도 열람 간소화, 국립중앙청소년안전기구 설치·운영 등 15년간 520개의 정책 과제를 제안했고, 이 중 461개가 수용되어 정부 정책으로 추진되고 있다.[4]

청소년운영위원회는 청소년 수련관 등 청소년 수련 시설에 설치된 기구로, 공개 모집이나 추천을 통해 구성된다. 청소년 수련 시설의 사업에 참여하거나 의견을 제시하는 역할을 하며, 이 같은 활동에 참여할 경우 위촉장과 활동 확인서를 받을 수 있다. 이외에 교육청에서 운영하는 학생참여위원회, 여성가족부와 지방자치단체에 설치·운영되고 있는 청소년참여위원회가 있다.[5] 지역별 정치 참여가 강조되면서 지방자치단체 차원에서 '청소년 의회'를 구성하는 경우도 늘고 있다.

그런데 주변에서 이런 기구나 단체에서 활동하는 청소년을 본 적이 있나? 아마도 드물 것이다. 다양한 기구가 있긴 하지만 청소년들이 보편적으로 접근할 수 있는 기구는 아니다. 운영 주체도 중앙정부, 지방정부, 교육청, 학교 등으로 정부 주도성이 강하다.

그러다 보니 활동 내용도 비슷하다. 활동이래 봤자 한 달에 한 번 혹은 1년에 한두 번 회의에 참여하는 것이 전부다. 운영자와 참여자의 노력에도 불구하고 형식적이라는 지적이 나오는 이유다. 청소년 기구라는 형식을 먼저 만들고, 나중에 청소년들의 참여를 장려하는 방식이 지닌 한계다. 또 학교장이나 기관장 추천으로 기구를 구성하는 방식도 긍정적으로 보기 어렵다. 대표성도 떨어질뿐더러 일부 학생만 참여 혜택을 누릴 수 있다. 상황이 이러니 청소년 기구가 자치 기구로서 기능하기보다 특별한 학생들의 경력 쌓기용 활동이 되고 있다는 비판이 나오기도 한다.

청소년 참여가 활발한 유럽 국가들과 비교할 때 가장 눈에 띄는 차이는, 우리나라는 개인적 참여에 머문다는 점이다. 유럽은 개인이 아니라 단체를 중심으로 사업을 진행한다. 지역 조직이 탄탄해 청소년들은 자기가 사는 곳에서 언제든 쉽게 기구에 참여할 수 있다.

예를 들어, 독일의 청소년 의회는 연방, 지구, 지역 단위로 구성되는데 지구 청소년 의회 회원이 500만 명이라고 한다. 전체 아동·청소년 인구의 약 70%에 해당하는 인원이다. 또 스코틀랜드는 청소년들의 직접 투표로 청소년 의원을 선출한다. 2017년 3월, 300명 넘는 후보자가 학교에서 연설하고 지역사회 행사에 참여하는 등 선거운동을 펼쳤고, 약 7만 명의 청소년이 투표에 참여했

다고 한다.[6] 이렇게 선출된 의원들은 자신이 지역과 학교의 청소
년을 대표하는 만큼 막중한 책임감을 갖고 활동한다.

그다음으로 큰 차이는 제도권 정치와의 결합이다. 청소년 활동
에 정치적 중립을 강조하는 우리나라와 달리 유럽의 청소년에게
참여란 실제 정치에 참여하는 일이다. 정치 교육을 담당하는 곳
도 정당 또는 정당과 파트너 관계인 정치 재단이다. 정치와 참여
는 뗄 수 없는 단어인데 어쩌다 우리는 정치 없는 참여를 말하게
된 것일까?

 정치를 경험할 수 있는 가장 좋은 기회, 정당 활동

'정치 없는 참여'를 다른 말로 하자면 '정당 없는 참여'라고 할 수
있다. 앙꼬 없는 찐빵, 소리 없는 팟캐스트, 사진 없는 인스타그
램이나 마찬가지다. 정당과의 연계를 통해 청소년의 정치 활동이
실질적 효력을 갖고, 그 과정에서 자신의 정치적 가치관을 형성
하고 발전시켜 나갈 수 있어야 진정한 참여 활동이라 말할 수 있
다. 하지만 우리나라는 청소년의 정당 참여가 쉽지 않다. 정당 가
입 연령이 만 16세로 낮춰진 2022년 전까지 청소년은 당원이 될
수 없었다. 게다가 16세로 낮아지긴 했지만 이조차도 18세 미만

이라면 입당 신청을 할 때 법정대리인의 동의서를 함께 제출해야 한다. 부모의 동의 없이 자기 의사에 따라 자유롭게 정당에 가입할 수 있는 연령은 18세부터다. 만 18세가 되면 많은 권리가 한꺼번에 허용된다. 합법적으로 결혼할 수 있고, 8급 이하 공무원 시험에 응시할 수 있고, 군대에 자진 입대할 수 있으며 운전면허도 딸 수 있다. 그런데 정당 가입과 결혼에 같은 기준을 적용하는 것이 타당할까?

정치는 결혼, 운전면허 등 법률적 권한과는 차이가 있다. 정치는 훈련이다. 교육이 필요하다. 시민으로서 정치적 견해를 형성하고 스스로 판단을 내려 활동할 수 있도록 권리를 보장하는 것은 민주주의 발전을 위한 일이기도 하다. 그러니 정치 활동에 대한 권리는 좀 더 일찍 부여하는 게 좋다.

특히 정당 활동은 최고의 민주주의 교육이다. 학교 안에 정당 게시판이 있다고 상상해 보자. 학생들이 각자 지지하는 정당을 소개하고 각 정당의 정책을 토론하는 게시판이 있다면 어떨까? 지지 정당이 있는 사람이라면 다른 정당의 다양한 정치적 입장을 접할 기회가 될 것이고, 지지 정당이 없는 사람이라면 여러 정당을 비교해 선택하는 기준이 될 수 있을 것이다. 내가 지지하는 정당이나 정치인의 선거운동에 참여해 보는 것은 어떨까? 다른 사람을 설득하기 위해 내가 이 정당과 정치인을 지지하는 이유를

고민할 것이고, 나의 입장을 더 잘 설명할 방법을 연구할 것이다.

정치를 잘 알고 싶다면 사실 이 책을 읽는 것보다 정당에 가입해 직접 활동에 나서는 게 낫다. 요리책과 비슷하다. 책은 훌륭한 안내서가 될 수 있지만 실제로 맛을 볼 수는 없다. 내가 직접 요리를 해서 먹어 봐야 그 맛을 알 수 있다. 좋은 식재료를 구분하는 눈썰미나 식재료 고유의 맛을 살리는 기술, 내가 좋아하는 맛을 내는 방법은 직접 요리하며 스스로 터득해야 한다. 정당에 가입해 실제 정치 활동을 하면서 문제를 찾고, 해결 방법을 고민하고, 또 직접 해결해 보는 것이 민주주의를 가장 잘 이해하는 길이다. 정치는 언제나 현실에서 벌어지는 일을 다루기 때문이다.

OECD 국가 대부분은 정당 가입 연령을 정당이 알아서 정하도록 하고 있다. 영국의 경우 선거권 연령은 우리와 같은 18세지만, 정당 가입 연령은 정당마다 다르다. 영국 보수당은 나이 규정이 없고, 노동당은 만 14세 이상, 녹색당은 만 16세 이상으로 정하고 있다. 독일도 선거권 연령은 18세지만 정당 가입 연령은 다 다르다. 기독교민주연합과 자유민주당은 만 16세 이상, 사회민주당과 좌파당은 만 14세 이상이고, 녹색당은 연령 제한이 없다. 프랑스의 경우 마크롱 대통령이 소속된 정당인 전진하는공화국(REM)과 공화당은 연령 제한이 없고, 사회당은 만 15세 이상 가입이 가능하다.

스웨덴은 대부분의 정당이 가입 연령에 제한이 없고, 대신 청년 조직 가입 기준을 따로 두고 있다. 중앙당은 최소 만 7세부터 청년 조직에 가입이 가능하며, 사회민주노동당은 만 13세 이상, 온건당은 만 12세 이상이다. 기독민주당, 녹색당, 좌파당은 아무런 제한이 없다. 제한이 있더라도 법에 따른 것이 아니라, 해당 정당의 당헌이나 당규에 따른 것이다.

정당은 정치에 관심 있는 사람이라면 누구나 가입할 수 있어야한다. 정당 가입 연령을 법으로 똑같이 규정하거나 부모의 허락을 받아야 가입할 수 있다고 전제하는 것은 좀 이상하다. 정당은 자율적 결사체이니 누구를 당원으로 받아들일지는 정당이 정하는 것이 맞지 않을까? 대부분의 나라가 정당 가입 연령을 비롯해 정당의 목적, 구성, 운영, 권리, 의무, 책임 등을 법으로 규정해 놓지 않는다. 정당 활동의 자유를 침해할 수 있어서다.

우리나라는 〈정당법〉에 여러 규정을 두어 참여를 제한하고 있다. 정당법이 있는 나라는 우리나라 외에 독일이 있는데, 독일의 〈정당법〉은 존재 목적 자체가 다르다. 앞서 1장에서 살펴본 히틀러와 나치당으로부터 얻은 교훈에서 비롯된 법이기 때문이다. 독일의 정당법은 민주주의를 위협하는 정당이 나오지 않도록 하기 위한 것으로 정당의 헌법상 지위와 임무, 보조금과 관련된 사항, 민주주의 질서에 어긋나는 위헌 정당의 해산 집행 등의 내용을

담고 있다. 정당의 개념과 법적 지위를 명시할 뿐 당원 가입 자격이나 나이 규정은 없다.[7]

　정치교육과 정치 활동은 빠르면 빠를수록 좋다. 어른이 된다고 저절로 정치적으로 성숙하고 책임감 있는 시민이 되는 것은 아니다. 교육과 훈련, 참여를 통해 사람들을 동원하고 조직하는 법, 의견을 모으고 조정하고 협력해 최선의 성과를 내는 법을 배워야 한다. 당연한 말이지만 어린 시절의 교육은 성인 이후의 삶에 큰 영향을 미친다. 청소년기부터 정당 활동 경험을 축적할 필요가 있다. 정당 활동은 그 어떤 교육보다 훌륭한 민주주의 학습의 기회다. 〈정당법〉으로 정당 활동을 제한하는 역설적 현실은 개선되어야 할 것이다.

2 〰〰〰 정치를 만나는 다양한 방법

 지역 청소년 기구에서 시작하는 정치

최고의 정치교육이 정당 활동인 것처럼, 의회의 작동 방식을 이해하는 가장 좋은 방법은 의회와 유사한 방식으로 회의를 해 보는 것이다. 우리나라 중학교 2학년에 해당하는 영국의 8학년 학생들은 하원 의회의 의사 진행 절차를 똑같이 경험해 보는 정치 수업을 받는다. 예를 들어 "10학년이 되지 않은 학생들에게는 숙제가 금지되어야 한다"라는 주제를 정하면, 학생들은 여당과 야당으로 나뉘어 각자 국회의원, 교육부 장관, 총리 등의 역할을 맡아 실제 의회의 회의와 똑같은 형식으로 주제 토론을 하고, 어떤 입장에서 어떤 판단을 내릴지 결정한다. 이를 통해 의회 내의 타협과 조정의 과정을 학습한다.[8]

미국 아이오와주에는 청소년 의회(Iowa Youth Congress, IYC)가 있다.[9] 100여 명의 고등학생이 1년 동안 지역 회의를 개최하고 모의 의회를 연다. 모의 의회에서는 청소년을 위한 법안을 발의하고 통과시키는 활동을 진행한다. 이를 통해 입법 과정을 자연스럽게 학습하는 것은 물론, 정치적 토론과 대중 연설을 경험해 보고, 문제를 해결하는 방법을 배우는 등 민주주의 정치의 다양한 기술을 익힌다. 여기서 멈추는 것이 아니라 청소년자문위원회를 구성해 IYC에서 통과된 법안이 진짜 의회에서 통과되도록 촉구하는 활동을 하기도 한다.[10] 학습과 실천이 직접적으로 연결되는 것이다.

경기도 성남시에도 이와 같은 청소년 의회가 있다. 성남시청소년행복의회는 청소년 관련 예산을 청소년이 직접 심의하게 해 달라고 성남시에 요구했다. 그 결과, 2018년 〈성남시 주민참여예산제 운영 조례〉에는 "청소년·교육 분야 제안 사업에 대한 청소년 의견 수렴 및 심의를 위하여 주민참여예산 청소년 위원회를 둘수 있다"라는 조항이 신설되었다.[11]

성남시청소년행복의회는 무상 의료, 문화생활 지원 등 청소년의 삶을 개선하기 위한 여러 정책을 제안하고 있으며, 학생들의 통학 여건 개선에 예산을 더 쓰도록 요구해, 버스를 증차하고 버스 운행 시간을 연장하는 등 실질적 변화를 이끌어 내기도 했다. 청소년들이 훈련을 넘어 스스로 정치에 참여하는 길을 넓히는 모습을 보여 주는 좋은 사례라 할 수 있다.

청소년 의회가 구성되어 있는 곳은 성남만이 아니다. 금천구청소년의회는 청소년들이 직접 투표하여 구성한다. 모든 의원은 정당에 소속되며 제1정당을 중심으로 청소년 마을 정부를 구성한다. 제1정당의 대표가 마을 총리가 되며 마을 총리는 의회의 승인을 받아 내각을 구성할 수 있다. 의원들은 의정 활동으로 각 정당의 정책과 공약을 실천한다. 2017년 마을 총리를 배출한 '밝은미래당'은 진로·진학 정책을 중심으로 교육 문제에 관심을 두고 활동했다. 제2당인 '할수있당'은 청소년 참정권 확대를 주장했으며, 제3당인 '똑같이위풍당당'은 청소년 인권 및 권리를 지키기 위해 노력했다. 제4당인 '꿈클당'은 청소년을 위한 마을 공간 확대에 집중했다.

청소년 의원이 되려면 먼저 금천청소년네트워크에 참여해야 하고, 금천청소년네트워크 참여자들은 청소년 정책 정당에서 다양한 활동을 펼친다.[12] 지역 청소년 조직이 주축이 된 모델로, 청소년이 정치 활동을 할 수 있는 사회적 기반이 거의 없다시피 한 우리나라 현실에서 다른 지역도 참고할 만한 사례다.

적극적 활동으로 새로운 모델이 만들어지기도 했다. 2019년 서울시 서대문청소년의회는 청소년참여위원회, 학생회연합과 함께 조희연 서울특별시교육청 교육감을 대상으로 모의 교육 감사를 실시했다. 여기서 "자유학년제 활동이 예체능에 치우쳐 진로 찾기에 도움이 안 된다. 사전에 설문 조사를 해 학교별 체험 직업군을 정해 운영하면 좋겠다"라는 의견, "교과교실제 시행으로 쉬는 시간이 부족하고 복도가 매우 복잡하다. 특색 있는 맞춤 교육도 안 되고 있다"라는 지적이 나왔다. 특목고 폐지, 가짜뉴스를 구별하는 교육의 필요성에 대한 질문도 나왔다. 70여 분 간 진지한 감사가 진행되었다. 참여했던 청소년 의원들은 사회를 바꿀 수 있다는 자신감이 생겼다고 소감을 밝혔다.[13] 청소년 의회에서 의결한 청소년 전용 카페가 서대문구에 문을 열었고, 청소년 의회가 제안한 〈서울특별시 서대문구 청소년 의회 구성 및 운영에 관한 조례안〉이 실제 구의회에서 통과되었다.

주위로 시선을 돌려보면 청소년 단체, 청소년 조직, 청소년 기구가 생각보다 가까이에 있다. 첫걸음을 떼기는 어렵지만, 그다음은 그리 어려운 일이 아니다. 함께 문제를 해결해 가는 즐거움을 누릴 수 있을 것이다. 나아가 청소년들이 자율적으로 사업을 결정하고 집행할 수 있는 권한을 가지는 것도 필요하다. 의회를 한 번 체험해 보는 수준을 넘어 실질적 영향력을 행사하는 단계로 발전해야 청소년도 진정한 정치 주체가 될 수 있다.

내 표의 힘을 느껴 보자, 모의 투표

정치교육에는 다양한 방법이 있다. 모의 의회나 청소년 의회를 경험해 보는 것과 마찬가지로, 선거를 미리 연습해 보는 것도 정치를 배우는 데 큰 도움이 된다. 미국, 캐나다, 독일, 스웨덴 등 많은 나라가 모의 선거 교육을 하고 있다.

미국에서는 키즈보팅(Kids Voting)이라는 비영리단체가 모의 투표 교육 프로그램을 제공한다. 선거권이 없는 청소년들은 실제 출마한 후보를 대상으로 선거일에 똑같이 투표를 한다. 온라인으로 진행된다는 점만 다르다. 모의 투표 결과는 실제 선거의 공식 결과와 함께 공표된다.[14]

캐나다는 시빅스(CIVIX)라는 단체가 학생 투표 프로그램을 기획하고 시행하는데, 2019년 연방 의원 선거 때는 8,000개 이상의 학교에서 120만 명이 참여했다. 참여 학교에는 학생들이 실제 투표를 경험할 수 있도록 포스터, 선거 용품, 교육 자료가 제공된다. 이 프로그램을 통해 학생들은 선거 과정을 배우는 것은 물론, 정당을 조사하고 여러 사회문제를 논의한 후 공식 선거 후보자에게 투표한다. 실제 상황을 직접 경험하면서 실시간으로 민주주의를 공부하는 것이다. 투표 결과는 공식 투표가 종료된 다음 언론에 공개된다.

시빅스의 프로그램 중에는 한쪽으로 치우친 정보가 개인의 선택에 미치는 영향에 관한 교육도 있다. 온라인에 매우 다른 두 가지 정보를 올려놓고, 학생들이 한쪽 정보만 볼 수 있도록 한다. 할당된 정보를 살펴보고 각자 투표한 다음 그 정보가 선택에 미친 영향을 토론한다. 학생들은 두 가지 다른 뉴스가 제공되었다는 사실을 알고는 굉장히 충격을 받는다고 한다. 어떤 뉴스를 봤는지에 따라 자신의 표가 바뀌었다는 사실을 깨닫게 되기 때문이다.[15] 내가 온라인에서 무엇을 볼지 결정하는 것은 나일까, 알고리즘일까? 정보가 개인화될 때 의사결정은 왜곡될 가능성이 높다. 친구들과 대화하고 다른 의견을 가진 사람들과 토론한다면 객관적으로 판단하는 능력을 기를 수 있다.

독일에는 유니오발(Juniorwahl)이라는 모의 투표 프로그램이 있다. 비영리 공익단체에서 운영하는 이 프로그램은 12~18세 청소년들이 대상이다. 학교 단위로 이루어지며 학생들에 의해 자율적으로 진행된다. 모의 투표를 실시하는 학교는 한 달간 실제 후보자의 정책 공약집과 토론회 등을 바탕으로 수업을 진행하고, 청소년들은 후보자와 정당의 공약을 비교하고 평가해 투표한다.[16] 모의 투표는 실제 선거 일주일 전에 실시되며 투표 절차 또한 실제 선거와 똑같다. 선거 결과는 선거 전날 유니오발을 주관하는 단체에 전달되고, 선거일 오후 6시에 공표된다.[17]

2017년 독일 연방의회 선거 때는 3,490개 학교에서 100만 명에 달하는 학생들이 모의 투표에 참여했다. 긍정적 효과는 당사자뿐 아니라 가족에게도 미치는 것으로 나타났다. 모의 투표에 참여한 학생의 부모가 투표에 참여하는 비율이 평균 4%에서 경우에 따라 최대 9%까지 증가했다. 사회적으로 소외된 계층의 경우에는 효과가 더 컸다. 가족 내 정치적 대화가 늘고 정당에 대한 호감도가 상승한 결과로 분석된다.[18]

우리나라의 경우 2018년 지방선거 때 YMCA가 청소년이 시장과 교육감을 독자적으로 선출해 볼 수 있도록 하는 모의 선거를 실시했다. 또 사단법인 징검다리교육공동체도 전국 15개 학교를 대상으로 '모의 선거로 배우는 민주주의' 프로젝트를 진행했다. 하지만 이런 흐름은 2019년에 멈춘다. 서울시 교육청이 진행하고자 했던 모의 선거 수업이 〈공직선거법〉 위반이라는 중앙선거관리위원회의 유권해석이 있었기 때문이다.[19] 유권해석이란 '이 법 조항은 이런 뜻입니다'라고 명확히 해설하고 적용 범위를 정하는 것이다. 중앙선거관리위원회는 공무원인 교사가 학생들과 모의 선거를 하는 것은 사전 여론조사에 해당한다[20]는 입장이었다. 다른 나라가 모의 투표에 교육적 의미를 부여하고 적극적으로 실시하고 있는 것과 비교하면 큰 차이가 있는 해석이다.

모의 선거는 선거권 행사의 의미를 미리 학습하고, 시민 의식을 기를 수 있는 참여 교육의 한 형태다. 막을 이유가 없다. 다행히 최근 중앙선거관리위원회는 청소년을 대상으로 실시하는 학술·교육 목적의 모의 투표는 선거에 관한 여론조사에서 제외한다는, 달라진 의견을 냈다.[21] 조만간 모의 투표를 다시 할 수 있게 될 전망이다.

청소년은 정치를 배울 권리가 있고, 정부는 교육의 기회를 제공할 책임이 있다. 개인적 의사 표현을 넘어 사회적 영향력을 행사하는 방법을 배울 수 있어야 한다. 민주적으로 훈련되고, 정치적으로 단련된 시민이 좋은 정치를 만들어 갈 수 있다.

정치에 대한 무관심과 정치인에 대한 불신, 사회적 책임을 지지 않으려는 태도가 민주주의를 위협한다. 허구와 과장에 휘둘리지 않고 객관적 정보를 얻는 법을 배우고, 판단력을 강화하며 의견을 형성하는 방법을 연습할 필요가 있다. 학교에서 정치에 대해 활발하게 토론할 수 있다면 정치는 그만큼 우리의 삶과 가까워질 것이고, 우리 사회도 더 좋은 방향으로 바뀔 수 있을 것이다. 더 적극적인 정치교육이 필요한 이유다.

한편 광주광역시에 있는 문흥초등학교는 전교 학생회 선거를 정당 투표 방식으로 치르고 있다. 이 학교의 학생들은 학생회장 후보가 아니라 정당에 투표를 한다. 학생회장이 되려면 같은 의견을 가진 친구들과 정당을 먼저 만들고, 정당의 대표로서 선거에 출마해야 한다. 또 정당에는 3학년 대표, 4학년 대표, 5학년 대표가 꼭 있어야 한다. 만약 3학년 학생들이 '우리 학교를 깨끗한 학교로 만들겠다'라고 마음먹었다면 4학년·5학년 선배를 1명 이상 모집해야 한다. 가장 많은 표를 얻은 정당의 5학년 학생이 회장, 4학년·3학년 학생은 부회장을 맡고, 두 번째로 많은 표를 받은 정당의 대표 3인이 부회장을 맡아 총 6명으로 임원을 구성한다.[22]

2019년에는 총 5개 정당이 출마했는데, 피구를 좋아하는 '공좋아당', 티볼을 사랑하는 '우리는빛난당', 축구 동아리 중심의 '문흥FC축구당', 성적(性的) 평등을 지향하는 '양성평등당', 신입생 환영회 등으로 학교를 즐겁게 하겠다는 '즐거운학교당' 등이다.[23] 2020학년도 선거에는 '놀고싶당', '튼튼이체육당'과 '학생이먼저당'이 후보를 냈고, '놀고싶당'이 가장 많은 표를 얻었다. 각각의 당이 어떤 공약을 냈는지 보자.

정당	기호 1번 놀고싶당	기호 2번 튼튼이체육당	기호 3번 학생이먼저당
대표 공약	• 문흥초를 즐거운 놀이 공간으로 • 문흥초 앞 주차 공간에 바닥 놀이터와 밧줄 놀이터 만들기 • 낙서 대회 등 즐거운 놀거리 만들기	• 문흥초를 재미있는 체육으로 가득하게 • 티볼, 피구, 축구 등 학생회 중심 체육대회 • 여학생과 남학생이 같이 즐겁게 할 수 있는 스포츠를 활성화하기	• 문흥초 학생들이 모든 일에 주체적으로 참여하기 • 학교 축제에 학생들의 의견을 잘 반영하기 • 안전한 운동장 만들기

출처: 문흥초등학교 홈페이지[24]

2021학년도에는 '급식당'이 최다 득표를 했고, '즐거운학교당'이 그 뒤를 이었다. 학교 측은 그동안 학생회 선거가 인기 많은 사람이 당선되는 인기 위주 투표가 되는 것이 고민스러웠고, 3학년, 4학년, 5학년이 함께 팀을 이루는 경험이 필요하다고 여겨 정당 제도를 만들었다고 한다.[25] 실제 학생회 선거와 학생 자치활동에 정치교육을 결합한 멋진 사례다.

여러분이 만일 학생회장 선거에 나간다면 어떤 공약을 내세우고 싶은가? 혹은 내가 사는 지역의 청소년 의회에서 활동한다면 어떤 정책을 제안할 수 있을까? 하루하루 일상에서 나와 내 곁에 있는 이의 삶에 필요한 것은 없을지 찾아보자. 문제를 발견하는 것부터가 정치의 시작이다.

 정치교육과 나란히 가야 할 노동교육

'노동'이라고 하면 어떤 모습이 떠오르는가? 공사장에서 일하는 모습? 아니면 건물이나 거리를 청소하는 모습? 법적으로 노동자(근로자)는 임금을 받고자 사업이나 사업장에 근로를 제공하는 사람을 말한다. 즉 급여를 받고 일한다면 육체노동을 하는 사람이건 정신노동을 하는 사람이건 모두 노동자다. 우리 대부분이 노동하는 시민으로 살아간다.

노동은 우리 삶과 사회를 지속하기 위한 필수적 기반이다. 현대사회에서 우리가 누리는 거의 모든 것은 노동의 산물이다. 노동이 없으면 세상은 멈춘다. 또한 노동은 한 사람이 생계를 유지하는 수단이자 자신의 능력을 발휘하며 사회적 소속감과 성취감을 얻는 주요한 활동이다. 그만큼 개개인의 삶에 미치는 영향도 크다. 그렇기에 정부는 노동하는 시민들이 안전하고 행복하게 일할 수 있도록 보장하려 애쓴다. 노동자의 권리가 무엇이고 어떻게 지켜져야 하는지 정해 놓은 〈근로기준법〉이 있는 이유다.

그런데 이 법에 따르면 15세 미만 청소년과 중학생은 원칙적으로 취업을 할 수 없다. 만약 피치 못할 사정으로 취업을 해야 한다면 고용노동부에서 발급하는 취직인허증이 필요하다.[26] 법적 기준은 이렇지만, 실제로는 일하는 청소년의 수가 적지 않다. 2019년 조사에 따르면 중학생 100명 중 3명, 고등학생 100명 중 14명은 최근 1년 내에 아르바이트를 한 경험이 있다.[27] 2020년 기준, 13~24세 청소년의 아르바이트 경험은 10명 중 4명에 이른다.[28]

그런데 일하는 사람의 권리나 일하는 사람을 보호하는 법과 제도에 대해 알지 못한 채 일터로 간 청소년들은 부당한 대우를 받아도 스스로를 지키기가 어렵다. 청소년이라는 이유로 임금을 적게 주거나 주휴수당을 주지 않아도 그게 불법이라는 사실을 모른다면 사업주에게 항의할 수 없다. 알고 있다 하더라도 청소년의 의견이 받아들여지기란 쉽지 않다. 임금을 달라고 하면 버릇없다고 하거나 어리다는 이유로 반말과 욕설을 하기도 한다. 청소년에게 시켜서는 안 되는 위험한 업무를 맡기거나 정해진 시간보다 일을 더 시키고 휴식 시간을 주지 않기도 한다. 노동조합이 있는 곳은 그나마 상황이 나은 편이지만 2019년 기준 우리나라 노동조합 조직률은 12.5%에 불과하다.[29] 열 곳 중 아홉 곳이 노동조합이 없는 셈이다.

청소년도 일하는 동안은 엄연히 노동자다. 노동자의 권리는 동등하게 보장되어야 하고, 모든 노동자는 존엄하게 대우받고 행복하게 일할 권리가 있다. 어리다고 해서, 아르바이트생, 현장실습생이라고 해서 모욕과 착취를 참고 넘겨야 하는 것은 아니다. 머지않아 노동자가 될 청소년들과 지금도 일하고 있는 청소년들이 자신의 권리를 제대로 주장하도록 하기 위해서는 노동 인권 교육이 필요하다.

노동 인권과 관련해 기억할 점은 노동자에게는 부당 대우에 맞서 자신의 노동조건을 향상할 권리와 힘이 있다는 점이다. 혼자는 약하지만 여럿이 모이면 강해진다. 노동자들은 더 나은 노동조건을 만들기 위해 노동조합을 결성할 수 있고, 사용자와 협상을 진행할 수 있다. 이러한 협상을 교섭 혹은 단체교섭이라 하는데, 교섭의 내용은 임금과 처우 개선 등이다. 협상이 잘 이루어지지 않으면 노동조합은 파업을 할 수 있다. 이를 각각 단결권, 단체교섭권, 단체행동권이라 하고 이 모두를 아울러 노동3권이라고 부른다. 이는 우리나라뿐 아니라 대부분의 국가에서 보장하고 있는 노동자의 기본 권리다.

파업은 노동자들에게 주어진 권리이자 합법적 수단이다. 그러므로 택배 노동자들이 파업해 택배가 늦어지거나 지하철 노동자의 파업으로 교통난이 발생한다 해도 비난만 할 일은 아니다. 당장은 약간의 불편이 있을 수 있지만 길게 보면 사회에 미치는 긍정적 영향이 더 크다.

2011년, 피자 업계는 '30분 배달 보증 제도'를 폐지한다고 밝혔다. 이 제도는 주문 후 집까지 배달되는 시간이 30분을 넘으면 가격을 할인해 주거나 아예 받지 않는 제도다. 이에 배달원들은 시간에 맞춰 배달하느라 사고 위험을 무릅쓰고 속도를 높일 수밖에 없었다. 배달이 늦으면 벌금을 내거나 임금이 깎이기 때문이다. 배달원들이 연이어 버스와 트럭에 치여 사망하는 사고가 발생하면서 30분 배달 보증 제도를 폐지해야 한다는 여론이 커졌다. 청년들의 노동조합 '청년유니온'은 "따뜻한 피자보다 안전한 피자를"이라고 외치며, 업체와 고용노동부를 향해 온라인·오프라인 시위를 전방위로 펼쳤고, 마침내 이 제도는 폐지되었다.

2010년 만들어진 청년유니온은 만 15~39세라면 구직자, 실업자, 비정규직, 정규직 관계없이 누구나 가입할 수 있는 노동조합이다.[30] 청년유니온이라는 노동조합이 있었기에 청년이 겪는 노동문제를 드러낼 수 있었고, 변화를 향해 한 걸음 나아갈 수 있었다. 노동조합과 정치는 의견을 같이하는 사람들이 뭉쳐 변화를 이끌어 낸다는 점에서 닮았다. 내가 처한 나쁜 상황을 바꾸는 건 혼자서는 힘든 일일 수 있지만 내 곁의 사람과 손을 잡는다면 조금 더 멀리 가 볼 수 있다.

30분 배달 보증제가 폐지된 지 10년이 됐다. 당시의 논란은 외식업체 배달원 중 상당수를 차지했던 청소년들의 열악한 노동환경을 돌아보게 했다. 10년이 지난 지금 상황은 얼마나 나아졌을까? 배달 앱이 생기고, 코로나19의 영향으로 배달 수요는 훨씬 더 늘었다. 번쩍, 총알, 로켓, 새벽, 당일 등 다양한 수식어가 붙은 신속 배달은 여전히 죽음의 질주를 강요하고 있다. 배정된 배달을 거절하거나 제시간에 배달하지 못하면 배달 노동자는 불이익을 받는다. 또한 짧은 시간 안에 더 많이 배달해야 수입이 늘기에 무리한 운전을 감행하게 된다. 사고 발생을 개인의 부주의로만 돌리기 어려운 이유다.

지금 국회에는 배달 노동자의 생명과 안전을 보호하기 위한 법안이 여러 건 발의되어 있다. 노동조합이 만들어 낸 성과가 개별 기업과의 협상을 넘어 사회적으로 확대되려면 법과 제도가 뒷받침되어야 한다. 이를 위해서는 정치의 역할이 중요하다.

부당한 사건을 겪게 되었을 때 누가 나를 지켜 줄까? 일하다 다치거나 죽지 않는 사회를 만들려면 어떻게 해야 할까? 나의 적성과 선호에 따라 즐겁게 일하며 살 수는 없는 것일까? 열쇠는 정당과 노동조합이다. 일하는 사람의 권리 보호는 노동조합이, 사회 제도적 변화는 정당이 담당한다. 정당이 굳건하고 노동조합 조직률이 높은 사회는 정치적으로도 안정된다. 사회의 여러 갈등을 해결하는 데 두 결사체의 역할이 크기 때문이다. 정당과 노동조합은 나의 삶을 지키는 가장 강력한 보호망이자 사회 변화를 만들어 가는 동력이다. 무엇보다 민주주의는 노동자의 권리가 보장되는 만큼 발전한다. 정치교육과 함께 노동교육 또한 절실하다.

3 〰〰〰 정치가 필요한 순간

 정치가 변화를 이끈다

정치가 필요한 순간은 언제일까? 공기처럼 보이지 않던 정치는 개인의 힘으로 해결하기 어려운 상황에 맞닥뜨렸을 때 비로소 우리 눈앞에 떠오른다. 지금은 상상하기 어렵지만, 과거에는 학교 안에서 체벌이 흔했다. 교육이라는 명목으로 매를 들거나 벌을 세우는 일이 일상적이었다. 불과 10여 년 전의 일이다. 2011년 3월 〈초·중등교육법〉 시행령에 교육을 위해 학생을 징계하거나 지도할 때, "도구, 신체 등을 이용하여 학생의 신체에 고통을 가하는 방법을 사용"해서는 안 된다고 명시한 이후부터 어떤 체벌도 일절 허용되지 않게 되었다.[31] 더는 교육의 이름으로 폭력적 수단을 사용할 수 없다.

또 겨울에 교복 위에 겉옷을 입을 수 있는 것, 머리카락을 원하는 만큼 기르거나 긴 머리를 묶지 않아도 되는 것, 불편한 교복 대신 입을 수 있는 생활복이 생긴 것, 강제로 이뤄지던 야간 자율 학습과 보충 수업이 없어진 것도 모두 학생의 인권을 보장하고 권리를 옹호하기 위한 노력 덕분이다. 청소년 역시 인간으로서 존엄과 가치, 자유와 권리를 보장받아야 한다는, 지극히 당연한 원칙이 법적·제도적으로 안착하기까지 짧지 않은 시간이 필요했다.

지금은 〈교육기본법〉과 〈초·중등교육법〉에 학생 인권이 명시되어 있다. 또 지방자치단체에는 〈학생인권조례〉가 마련되어 있다. 조례는 지방자치단체에서 만드는 법이다. 〈학생인권조례〉에는 지역마다 차이는 있지만 대체로 차별받지 않을 권리, 신체의 자유 및 안전에 관한 권리, 자치활동과 참여 보장, 양심과 종교 및 표현의 자유 등을 보장하는 내용이 담겨 있다.

서울시[32]는 한 걸음 더 나아가 빈곤 학생, 장애 학생, 한부모가정 학생, 다문화가정 학생, 외국인 학생, 운동선수, 성 소수자, 일하는 학생 등 소수자 학생의 권리를 보장하도록 하고 있다. 소수자 학생이 차별·혐오 등 인권 침해를 당할 경우 서울시교육청이 상담을 지원한다.[33] 대전시는 〈장애 학생 인권지원단 조례〉가 있어 장애 학생의 인권을 보호하기 위한 인권지원단을 운영한다. 인권을 제대로 보장하려면 조례에 명시하는 것을 넘어 상황과 특성에 맞는 지원이 필요하다.

하지만 실제 현장에서는 학생 인권이 여전히 제자리걸음인 경우도 많다. 국가인권위원회가 2016년 실시한 〈학교 규칙 분석 조사〉에 따르면 조사 대상이었던 136개 학교 가운데 19.1%의 학교 규칙(학칙)에 성별, 종교, 사상, 정치적 의견, 징계, 성적 등을 이유로 한 차별적 조항이 있었다. 과도한 두발 및 복장 제한, 학생의 동의 없는 소지품 검사, 성적 및 징계 사실 공개, 수업 시간 외에도 휴대폰 사용을 금지하는 규정 등 사생활의 비밀과 자유를 침해하는 학칙이 있는 곳은 92.6%에 달했다. 정치 활동이나 집회 및 표현의 자유 등을 제한하는 경우도 많았다. 인권에 관한 사회적 인식이 점차 변화하는 만큼 학생 인권에 관한 의식도 높아지고 있으나 학생들의 학교생활을 규율하는 학칙은 먼발치에서 뒤따르고 있는 형국이다. 이렇다 보니 국가인권위원회에 학생 인권에 관한 진정이 끊이지 않는다.

이에 국가인권위원회는 〈학교생활에서의 학생 인권 증진을 위한 정책 개선 권고〉를 내기에 이른다.[34] 학생의 기본권에 대한 제한과 단속은 학생의 안전이나 다른 사람의 권리 보호를 위해 불가피하거나, 교육의 목적상 필요한 경우에 한해 최소한의 범위에서 이루어지도록 할 것, 절차나 방법에 대해서도 학생의 사전 의견 수렴이나 동의 등 절차를 거치도록 명시하라고 권고했다.

〈학생인권조례〉가 실질적 영향력을 확보하기 위해서는 학교 단위의 후속 조치가 이루어져야 한다. 특히 학칙 제·개정 과정에 학생들이 참여할 수 있어야 한다. 〈학생인권조례〉가 없는 지역도 있다. 2022년 현재 〈학생인권조례〉가 제정된 지역은 경기, 서울, 광주, 전북, 충남, 제주 등이고, 인천은 학생만이 아니라 교직원 등을 포괄하는 〈학교 구성원 인권 증진 조례〉가 제정되어 있다. 나머지 지역도 학생 인권이 충분히 보장될 수 있도록 법과 제도를 마련하고 꾸준히 노력할 필요가 있다.

한편 최근에는 〈학생 선수 학습권 보장 및 인권 보호 조례〉가 속속 만들어지고 있다. 〈학교체육 진흥법〉에 따라 학생 선수의 학습권을 보장하고 인권을 보호하기 위함이다. 그동안 학생 선수들은 학생으로서의 권리보다 운동선수 역할이 더 강조되었다. 선수로서 좋은 성적을 얻으려면 무조건 참고 견뎌야 한다는 것이 오랜 세월 관행처럼 굳어져 있었다. 이들에게는 학생 인권 보장도 남의 일이었다. 하지만 용기 있는 폭로와 고발이 이런 현실을 바꾸었다.

특히 빙상계에서 일어난 선수 성폭력 사건을 계기로 이대로는 안 된다는 공감이 이뤄졌고, 성폭력 근절과 인권 보호를 위한 대책이 논의되기 시작했다. 그 일환으로 국가인권위원회 스포츠인권특별조사단은 2019년 11월 '초·중·고 학생 선수 인권실태 전수조사' 결과를 발표한다. 조사에 응한 학생들은 "한 달에 한 번은

쉬고 싶다" "새벽 운동할 때는 5시 40분 정도에 일어나서 자는 건 10시쯤. (…) 새벽 운동이 좀 힘들었어요"라고 말했다. 즐거워서 시작한 운동인데 과도한 훈련이 공부할 시간, 휴식을 취할 시간, 잠잘 시간을 뺏고 즐거움까지 앗아갔다.

게다가 중·고교의 학생 선수가 신체 폭력을 경험한 비율이 일반 중학생에 비해 2.2배, 일반 고등학생에 비해서는 2.6배나 높았다. 성관계 요구나 강간 피해도 24건이나 있었다.[35] 결코 일어나서는 안 되는 일이 보이지 않는 곳에서 발생하고 있었던 것이다. 당연한 말이지만, 학생 선수도 학생이다. 학교생활의 즐거움을 누릴 수 있어야 한다. 듣고 싶은 수업을 들을 수 있어야 하고, 좋은 사회적 관계를 맺을 수 있어야 한다. 무엇보다 폭력은 누구에게도, 어떤 경우에도 용납되어서는 안 된다. 학생 선수라는 이유로 다를 수 없다.

정치는 개인의 삶과 밀접하게 닿아 있다. 법적으로 폭력을 금지했기에 체벌이 사라질 수 있었다. 인권을 보호해야 한다고 못박았기에 오늘 내가 학교 가는 길이 두렵지 않게 되었다. 내가 누구든, 어느 곳에 살든, 부모님이 계시든 안 계시든, 가정 형편이 어떻든, 어떤 상황에 처해 있든 내 삶의 조건과 상관없이 인간으로서의 기본권을 똑같이 보장받을 권리가 있다. 이를 지키기 위해 민주주의가 존재한다.

민주주의는 전적으로 약자의 편이다. 정치를 잘하면 가난하고 약한 이들이 서럽지 않은 사회를 만들 수 있다. 원해서 태어난 사람도, 환경을 골라서 태어난 사람도 없다. 가정 형편에 따라 삶이 정해져 있다면 그것은 민주주의 이전의 신분제 봉건사회로 돌아간 것이나 마찬가지다. 민주주의 사회라면 누구에게나 공평한 삶의 기회가 주어져야 한다. 실패했을 때 다시 일어설 수 있어야 한다. 가난한 사람도 품위 있는 삶을 살 수 있도록 사회가 보장해야 한다. 이게 정치의 일이다. 지금의 정치가 마음에 안 들 수도 있다. 제 역할을 못하는 것으로 보일 수도 있다. 민주주의는 흔들리는 인간이 만든 불완전한 체제이기 때문이다. 그럼에도 정치를 통하지 않고 사회를 나아지게 만들 다른 방법은 없다.

 ## 정치는 다 함께 최선의 답을 찾는 일

오래전 스웨덴에 갔을 때 묵었던 낡은 아파트의 엘리베이터가 중간에 자꾸 멈춰 탈 때마다 불안했다. 숙소 주인의 아들에게 아파트를 재개발할 생각은 없는지 물었다가 질문을 이해시키느라 진땀을 뺐다. 노후된 아파트를 허물고 다시 지으면 돈을 벌 수 있다는 말을 좀체 이해하지 못했다. 멀쩡한 아파트를 왜 다시 짓는지,

다시 짓는다 한들 가격 차이가 왜 발생하는지, 가격 차이가 발생한다 한들 세금 내고 나면 남는 돈이 없는 것 아닌지 오히려 그가 되묻는 질문이 더 많았다. 그래서 좀 더 쉬운 질문을 던져 봤다. "부자가 되고 싶지 않아요?" 평범한 20대 스웨덴 청년은 이렇게 답했다. "잘살면 좋지요. 그런데 다 같이 잘살면 더 좋지요."[36]

스웨덴 사람들이 특별히 착해서 이런 말을 하는 것은 아니다. 그의 생각의 뿌리에는 사회연대라는 가치가 자리 잡고 있다. 혼자만 잘사는 것보다 모두가 잘사는 사회가 더 행복하고 좋은 사회라는 인식이다. 이러한 가치관을 다른 말로 하면 '복지국가'라고 할 수 있다. 스웨덴은 대표적 복지국가로, 세금을 많이 걷어 복지 정책에 쓴다. 그 덕분에 의료비, 교육비가 거의 무료다. 은퇴 후의 삶을 보장하는 연금도 두둑하다. 직장을 잃으면 구직 기간(최대 300일, 18세 이하 자녀가 있는 경우 450일)에 생활비를 보장받는다. 아파서 일할 수 없을 때도 생활비를 받는다. 그러니 스웨덴 사람들은 미래에 대한 불안감이 덜하다.

먹고사는 일에 대한 근심과 걱정 대신 내가 좋아하는 것에 대해, 다른 사람과 함께 누릴 즐거움에 대해, 어떻게 사는 인생이 보람된 삶인지에 대해 생각할 시간이 더 많이 주어진다면 우리의 삶은 그만큼 더 풍요롭지 않을까?

오늘날 스웨덴이 손꼽히는 복지국가가 될 수 있었던 것은 정당과 노동조합 때문이다. 이들은 높은 정치 참여율을 바탕으로 복지 제도를 만들고 오랜 기간 안정적으로 운영해 왔다. 좋은 정치가 건강한 사회와 성숙한 시민을 만든다.

과학을 좋아하는가? 게임을 좋아하는가? 춤추고 노래하는 것을 좋아하는가? 마지막으로 읽은 책 제목은 무엇이었나? 요즘 즐겨 보는 웹툰과 드라마는 무엇인가? 기후변화는 우리의 미래에 어떤 영향을 미칠까? 미얀마에서 민주화 시위를 하는 사람들을 도울 방법은 없을까? 코로나19 이후 우리 사회는 어떻게 달라질까? 이 중 우리가 해선 안 되는 대화가 있을까? 만약 있다면, 그 기준은 누가 정하는 걸까?

많은 사람이 정치가 중요하다고 하면서도 청소년에게 정치는 시기상조라고 한다. 청소년을 '미성숙한 인격체' 취급하며 정치화해서는 안 된다고도 한다. 청소년 스스로는 이에 대해 어떻게 생각하고 있을까? 초·중·고 학생 10명 중 9명은 청소년도 사회문제나 정치 문제에 관심을 갖고 의견을 제시하는 등 사회에 참여할 필요가 있다고 생각하고 있다.[37] 또, 청소년은 결정 능력이 부족하기 때문에 부모님이나 선생님의 생각에 따라야 한다는 견해에 10명 중 7명은 동의하지 않았다. 초·중·고 학생 대부분(96.9%)이 자신의 의견을 언제나 자유롭게 표현할 권리를 가져야 한다고 생각한다.[38]

청소년들은 더 정치적일 필요가 있다. 정치는 어렵고 거리가 먼 미지의 세계가 아니다. 우리의 삶과 밀접하고, 앞으로의 삶에 지대한 영향을 미친다. 정치를 통해 문제를 해결하는 방법을 배우고 익힌다면 혼자 온 세상과 맞서지 않아도 된다. 세상으로부터 동떨어져 웅크리고 있지 않아도 된다. 나와 같은 고민을 하는 사람들이 분명 있다. 함께한다면 해결 방법을 찾을 수 있다. 당장은 해결하지 못하더라도 무엇이 문제인지는 알 수 있다. 여기서 출발하면 된다.

최근 다양한 방법으로 현실 정치에 참여하고 여러 단체에서 활동하는 청소년이 늘고 있다. 내 손으로 우리가 사는 사회를 더 낫게 만드는 것은 가슴 두근거리는 일이다. 정치의 가장 매력적인 점은 알 수 없는 미래에서 가능성을 찾는다는 사실이다. 정치에서 절대적으로 옳은 답은 없다. 그저 최선의 답을 찾을 뿐이다. 진지하고 성실하게 노력할수록 문제를 더 잘 풀 수 있다. 즐겁고 신나게, 함께 행복해지는 길을 찾아가자. 정치의 매력에 푹 빠져보자.

주

1장 민주주의는 어떻게 우리 삶에 자리 잡았을까?

1   버나드 마넹, 《선거는 민주적인가》, 곽준혁 옮김, 후마니타스, 2004, 39쪽.

2   데이비드 헬드, 《민주주의의 모델들》, 박찬표 옮김, 후마니타스, 2010, 50쪽.

3   같은 책, 36쪽.

4   투퀴디데스, 《펠로폰네소스 전쟁사》, 천병희 옮김, 도서출판 숲, 2014, 171쪽.

5   EBS 다큐프라임 〈민주주의〉 제작팀·유규오, 《EBS 다큐프라임 민주주의》, 후마니타스, 2016, 30쪽.

6   플라톤의 출생 연도를 기원전 428년 기준으로 삼았을 경우다. 출생 연도를 기원전 427년으로 보는 의견도 있다. (플라톤, 《정치가》, 김태경 옮김, 한길사, 2000, 21쪽.)

7   스티븐 스미스, 《정치철학》, 오숙은 옮김, 문학동네, 2018, 54쪽.

8   같은 책, 54쪽.

9   데이비드 헬드, 앞의 책, 51쪽.

10 버나드 마넹, 앞의 책, 25쪽.

11 플라톤, 《국가》, 천병희 옮김, 도서출판 숲, 2013, 337쪽.

12 스티븐 스미스, 앞의 책, 83쪽.

13 아리스토텔레스, 《정치학》, 천병희 옮김, 도서출판 숲, 2009, 20쪽. 천병희는 "국가 공동체를 구성하는 동물"로 번역하고 있다.

14 같은 책, 156~157쪽.

15 같은 책, 21~22쪽.

16 스티븐 스미스, 앞의 책, 130쪽.

17 당시 시대적 상황에 비추어 볼 때, 옷이 아니라 천을 만드는 직조 공장이라 해야 정확하겠으나 이해를 돕기 위해 '옷'을 가지고 이야기한다.

18   박지향,《클래식 영국사》, 김영사, 2012, 549쪽.

19   같은 책, 556쪽.

20   같은 책, 593쪽.

21   하겐 슐체,《새로 쓴 독일역사》, 반성완 옮김, 지와사랑, 2011, 217쪽.

22   박상훈,《민주주의의 시간》, 후마니타스, 2017, 39쪽.

23   알렉시 드 토크빌,《미국의 민주주의 1》, 임효선·박지동 옮김, 한길사, 2002, 118쪽.

24   독립국이 아니었으므로 국가적 개념의 미국인은 아니지만, 편의상 미국인이라고 표현
      했다.

25   남경태,《종횡무진 서양사 2》, 휴머니스트, 2015, 192~194쪽.

26   알렉산더 해밀턴·제임스 매디슨·존 제이 지음,〈연방주의자 51번〉,《페더럴리스트》, 박
      찬표 옮김, 후마니타스, 2019, 396~397쪽.

27   같은 책, 87쪽.

28   E. E. 샤츠슈나이더,《절반의 인민주권》, 현재호·박수형 옮김, 후마니타스, 2008, 207쪽.

29   하겐 슐체, 앞의 책, 224쪽.

30   같은 책, 228쪽.

31   같은 책, 265쪽.

32   민주화운동기념사업회 오픈 아카이브, '4월19일시위'〈https://archives.kdemo.or.kr/
      collections/view/10000005〉.

33   최장집,《민주화 이후의 민주주의》, 후마니타스, 2010, 99~100쪽.

34   민주화운동기념사업회 오픈 아카이브, '6.10항쟁'〈https://archives.kdemo.or.kr/
      collections/view/10000076〉.

35   민주화운동기념사업회 오픈 아카이브, '6.26국민대행진'〈https://archives.kdemo.or.kr/
      collections/view/10000142〉.

36   〈[실록민주화운동] 87. 7~9월 노동자 대투쟁〉,《경향신문》, 2005. 1. 26.

2장   누가 내 의견을 대변할 정치인일까?

1   중앙선거관리위원회 선거연수원,《만 18세 대한민국 유권자가 되다!》, 2020, 12쪽.

2   〈공직선거법〉 제20조(선거구) ① 대통령 및 비례대표국회의원은 전국을 단위로 하여 선
     거한다. ② 비례대표시·도의원은 당해 시·도를 단위로 선거하며, 비례대표자치구·시·

군의원은 당해 자치구·시·군을 단위로 선거한다. ③ 지역구국회의원, 지역구지방의회 의원(지역구시·도의원 및 지역구자치구·시·군의원을 말한다. 이하 같다)은 당해 의원 의 선거구를 단위로 하여 선거한다. ④ 지방자치단체의 장은 당해 지방자치단체의 관할 구역을 단위로 하여 선거한다.

3 연동 배분 의석수 = [(국회의원 정수 - 의석 할당 정당이 추천하지 않은 지역구 국회의 원 당선인 수) × 해당 정당의 비례대표 국회의원 선거 득표 비율 - 해당 정당의 지역구 국회의원 당선인 수] ÷ 2

〈공직선거법〉 189조에 따른 연동 배분 의석수의 정확한 산출식은 위와 같다. 의석 할당 정당이란 비례대표 국회의원 선거에서 유효투표 총수의 3% 이상 또는 지역구에서 5석 이상을 차지한 정당을 말한다. 본문에서는 이해를 돕기 위하여 '의석 할당 정당이 추천 하지 않은 지역구 당선인 수'를 계산식에 넣지 않았다. 참고로, 제21대 총선에서는 비례 대표 47석 중 30석만 준연동형 비례대표를 적용하였고, 나머지 17석은 종래의 방식으로 의석을 배분하였으나 제22대 총선부터는 적용되지 않는 방식이므로 굳이 구분하여 설 명하지 않았다.

4 잔여 배분 의석수 = (비례대표 국회의원 의석 정수 - 각 연동 배분 의석수의 합계) × 비 례대표 국회의원 선거 득표 비율)

5 중앙선거관리위원회 선거연수원,《2019 각국의 선거제도 비교표: 별책》, 2019. 12, 96쪽. (하원의원, 중의원 기준)

6 중앙선거관리위원회, 〈18세 선거권 부여에 따른 정치관계법 사례 예시〉, 2020. 1. 28.

7 JU 공식 홈페이지〈https://www.junge-union.de/ueber-uns/struktur/〉.(검색일: 2021. 4. 3.)

8 유조스 공식 홈페이지〈https://www.jusos.de/〉.(검색일: 2021. 4. 3.)

9 박상훈,《정당의 발견》, 후마니타스, 2017, 212쪽.

10 같은 책, 165쪽.

11 중앙선거관리위원회 홈페이지, '정당정보 및 현황'〈https://www.nec.go.kr/site/nec/ex/ bbs/List.do?cbIdx=1239〉.(검색일: 2021. 8. 10.)

12 국회도서관,《통계로 보는 국회 72년》, 2020, 41~45쪽.

13 * 민주당 계열 정당의 당명 변천: 신한민주당 - 평화민주당 - 민주당 - 새정치국민회의 - 새천년민주당/민주당 - 열린우리당 - 대통합민주신당 - 통합민주당 - 민주당 - 민주통합 당 - 민주당 - 새정치민주연합 - 더불어민주당/국민의당

   * 보수 계열 정당의 당명 변천: 민주정의당 - 민주자유당 - 신한국당 - 한나라당 - 새누리 당/친박연대 - 자유한국당 - 바른정당 - 국민의힘

14 박상훈, 앞의 책, 166쪽.

15 모리스 뒤베르제가《정당론Les partis politiques》(1951)에서 체계화한 분류법.

16 조반니 사르토리가《정당과 정당체계론Parties and Party Systems》(1976)에서 제시한 분류법.

17 중앙선거관리위원회 선거연수원,《민주시민교육 표준모델(선거 · 정당 관계자용)》, 2016, 141쪽.

18 스웨덴 해적당 청소년 연합 홈페이지〈https://ungpirat.se/〉.(검색일: 2021. 3 .7.)

19 중앙선거관리위원회.

20 교육부,〈고교서열화 해소 및 일반고 교육역량 강화 방안 발표〉, 2019. 11. 7.

21 중앙선거관리위원회,〈제21대 국회의원 선거 정당 정책 모음집〉, 2020. 5.

3장 의회 민주주의의 핵심, 국회

1 이은주 의원 외,〈초 · 중등교육법 일부개정법률안〉 제안 이유〈http://likms.assembly.go.kr/bill/billDetail.do?billId=PRC_C2W1N0H1V0Y7S1R5R4G7H3Y1Q9V8P2〉.

2 국회의원 이은주, 보도자료〈일반고, 사회적 거리두기에서 과학고보다 불리〉, 2020. 9. 28.

3 국회의원 이은주,〈초 · 중등교육법〉 개정안.

4 국회 홈페이지, '국회의원 현황'〈https://www.assembly.go.kr/assm/memact/congressman/memCond/memCond.do〉.(검색일: 2021. 4. 11.)

5 박선민,《국회라는 가능성의 공간》, 후마니타스, 2020, 124쪽.

6 같은 책, 153~154쪽.

7 국회의원 윤소하, 보도자료〈어린이 건강권 위해 시설 '주변'까지 법정 금연구역 확대 필요〉, 2017. 9. 27.

8 〈"어른들이 버린 담배꽁초, 우리가 주워요" 어린이들 국회 기자회견〉,《여성신문》, 2017. 9. 27.

9 〈담배연기에 마스크까지… "통학로도 금연구역 지정해주세요"〉,《연합뉴스》, 2017. 9. 27.

10 박선민, 앞의 책, 164~165쪽.

11 〈교육환경 보호에 관한 법률〉에 따른 절대 보호 구역.

12 국민권익위원회 보도자료,《"학교 등 어린이 · 청소년시설 내 흡연실 설치 금지" 제도 개선〉, 2020. 12. 16.

13 〈http://pal.assembly.go.kr/main/mainView.do〉.

14 〈국회 입법예고에 관한 규칙〉.

15 박선민, 앞의 책, 130쪽.

16 같은 책, 170~171쪽.

17 〈20년간 144조 원 혈세낭비 막은 예타… 면제남발 땐 미래세대에 큰 짐〉, 《한국일보》,
     2021. 6. 25.

18 루이스 캐럴, 《이상한 나라의 앨리스》, 손영미 옮김, 시공주니어, 2001, 87쪽.

19 〈'깔창 생리대'를 아시나요?…가난한 소녀의 눈물〉, 《YTN》, 2016. 5. 31.

20 국회예산정책처, '비용추계서', 〈청소년복지 지원법 일부개정법률안 이수진 의원 회답자
     료〉, 2020. 10. 12.

21 국회예산정책처, '비용추계서 미첨부 사유서', 〈국민건강보험법 일부개정법률안 배진교
     의원 회답자료〉, 2020.

22 박선민, 앞의 책, 229쪽.

23 동물권행동 '카라', 논평 〈국정감사에서 '동물실험'으로 동물학대한 윤준병 의원 규탄한
     다!〉, 2021. 10. 6.〈https://www.ekara.org/report/press/read/14993〉.

24 국회 회의록, 〈국무총리(정세균) 임명동의안 심사를 위한 인사청문회〉, 2020. 1. 7.

4장 정치는 오늘부터!

1 중앙선거관리위원회 선거연수원, 《2019 각국의 선거제도 비교표: 별책》, 2019. 12,
    50~51쪽. (하원의원, 중의원 기준)

2 〈정치 아이돌 탄생이 가능한 나라〉, 《여성신문》, 2019. 2. 14.

3 〈https://web.archive.org/web/20150424034840/http://www.mp.se/om/gustav-fridolin〉.
    (검색일: 2021. 4. 23.)

4 청소년참여포털〈https://www.youth.go.kr/ywith/index.do〉.(검색일 2021. 9. 19.)

5 여성가족부〈http://www.mogef.go.kr/sp/yth/sp_yth_f003.do〉.(검색일 2021. 9. 19.)

6 이혜숙·이영주, 《서울시 청소년참여 활성화 방안》, 서울연구원, 2017, 44쪽.

7 한국의회학회, 〈국민의 정치참여 확대를 위한 정당제도 개선 방안 연구〉, 2017. 12. 26.

8 국회의원 이은주, 2020 국정감사 정책보고서 〈'시민정치교육'의 필요성 및 '시민정치교
    육기관' 설립방안〉.

9   IYC 공식 홈페이지〈https://humanrights.iowa.gov/iowa-youth-congress〉.(검색일: 2021.
     5. 29).

10   국회의원 이은주, 위의 자료.

11   〈성남시 주민참여예산제 운영 조례〉 제26조(청소년 위원회) ① 시장은 주민참여예산제
     의 운영과 관련하여 청소년·교육 분야 제안 사업에 대한 청소년 의견 수렴 및 심의를
     위하여 주민참여예산 청소년 위원회(이하 "청소년 위원회"라 한다)를 둘 수 있다. ② 청
     소년 위원회는 성별을 고려하여 20명 이내의 위원으로 구성한다. ③ 청소년 위원의 임
     기 및 위·해촉은 제12조 및 제13조의 규정을 준용한다. ④ 청소년 위원회의 구성 및 운
     영 등에 관한 사항은 규칙으로 정한다.

12   금천구청소년의회〈https://council.geumcheon.go.kr/child/sub03_01.asp〉.(검색일: 2021.
     9. 20.)

13   〈교육감에 송곳 질문한 청소년들 "사회 바꿀 수 있다 자신감 생겨"〉,《서울&》, 2019. 9. 5.

14   김종갑, 〈미국과 독일의 청소년 모의투표제도와 시사점〉, 중앙선거관리위원회 법제과,
     2020. 10. 15.

15   CIVIX 홈페이지〈https://civix.ca/main/〉.(검색일: 2021. 9. 20.)

16   대한교육법학회, 〈모의선거교육의 쟁점과 제도적 개선방안 연구〉, 2020. 10.

17   김종갑, 위의 자료.

18   유니오발 홈페이지〈https://www.juniorwahl.de/〉.(검색일: 2021. 9. 20.)

19   대한교육법학회, 위의 자료.

20   중앙선거관리위원회, 〈정치관계법 개정의견〉, 2021. 5. 25.

21   중앙선거관리위원회, 위의 자료.

22   문흥초등학교 홈페이지〈http://munhung.gen.es.kr/board.php?id=10&sid=&acode=28029
     &mode=v&page=12&order=1&search_id=&search_key=&cate=0〉.(검색일: 2021. 6. 28.)

23   〈'공좋아당·양성평등당…' 초등선거에 정당제 눈길〉,《뉴시스》, 2019. 7. 16.

24   문흥초등학교 홈페이지〈http://munhung.gen.es.kr/board.php?id=10&sid=&acode=280
     54&mode=v&page=2&order=1&search_id=subject&search_key=%ED%95%99%EC%
     83%9D&cate=0〉.(검색일: 2021. 6. 28.)

25   문흥초등학교 홈페이지〈http://munhung.gen.es.kr/board.php?id=10&sid=&acode=
     28029&mode=v&page=12&order=1&search_id=&search_key=&cate=0〉.(검색일: 2021.
     6. 28.)

26   〈근로기준법〉 제64조(최저 연령과 취직인허증) ① 15세 미만인 사람(「초·중등교육법」

에 따른 중학교에 재학 중인 18세 미만인 사람을 포함한다)은 근로자로 사용하지 못한다. 다만, 대통령령으로 정하는 기준에 따라 고용노동부장관이 발급한 취직인허증(就職認許證)을 지닌 사람은 근로자로 사용할 수 있다. ② 제1항의 취직인허증은 본인의 신청에 따라 의무교육에 지장이 없는 경우에는 직종(職種)을 지정하여서만 발행할 수 있다.

27　여성가족부·통계청, 〈2020 청소년 통계〉, 2020. 4. 27.

28　통계청, 〈2021 청소년 통계〉, 2021. 5. 25.

29　고용노동부, 〈2019 전국노동조합조직현황〉, 2020. 10.

30　청년유니온 홈페이지〈http://youthunion.kr/〉.(검색일: 2020. 9. 22.)

31　〈초·중등교육법〉 시행령 제31조(학생의 징계) ⑧ 학교의 장은 법 제18조제1항 본문에 따라 지도를 할 때에는 학칙으로 정하는 바에 따라 훈육·훈계 등의 방법으로 하되, 도구, 신체 등을 이용하여 학생의 신체에 고통을 가하는 방법을 사용해서는 아니 된다.

32　엄밀히 말하자면 서울시 조례라기보다 서울시교육청 조례지만 구분의 의미가 크지 않아 자치단체명을 쓴다.

33　〈서울시 학생인권조례〉 제28조(소수자 학생의 권리 보장) ① 교육감, 학교의 설립자·경영자, 학교의 장 및 교직원은 빈곤 학생, 장애 학생, 한부모가정 학생, 다문화가정 학생, 외국인 학생, 운동선수, 성소수자, 일하는 학생 등 소수자 학생(이하 '소수자 학생'이라 한다)이 그 특성에 따라 요청되는 권리를 적정하게 보장받을 수 있도록 하여야 한다.

34　국가인권위원회 결정문, 〈학교생활에서의 학생인권증진을 위한 정책개선 권고〉, 2017. 12. 21.〈https://www.humanrights.go.kr/site/program/board/basicboard/view?menuid=001004002001&boardtypeid=24&boardid=7602411〉.

35　국가인권위원회, 〈초중고 학생선수 63,211명 인권실태 전수조사 결과발표〉, 2019. 11. 7.

36　박선민, 《스웨덴을 가다》, 후마니타스, 2012, 279쪽, 282쪽.

37　통계청, 〈2021 청소년 통계〉, 2021. 5. 25.

38　위의 자료.

내 손으로 만드는 내 삶을 위한 정치

1판 1쇄 발행일 2021년 11월 29일
1판 3쇄 발행일 2024년 5월 27일

지은이 박선민

발행인 김학원
발행처 (주)휴머니스트출판그룹
출판등록 제313-2007-000007호(2007년 1월 5일)
주소 (03991) 서울시 마포구 동교로23길 76(연남동)
전화 02-335-4422 **팩스** 02-334-3427
저자·독자 서비스 humanist@humanistbooks.com
홈페이지 www.humanistbooks.com
유튜브 youtube.com/user/humanistma **포스트** post.naver.com/hmcv
페이스북 facebook.com/hmcv2001 **인스타그램** @humanist_insta

편집주간 황서현 **편집** 이여경 남미은 **디자인** 유주현 **일러스트** 주혜린
조판 홍영사 **용지** 화인페이퍼 **인쇄·제본** 정민문화사

ⓒ 박선민, 2021

ISBN 979-11-6080-735-6 43340